教师教育学科核心素养丛书

主编 ◎ 肖 刚

数学教育专业核心素养提升读本

SHUXUE JIAOYU ZHUANYE HEXIN SUYANG TISHENG DUBEN

·广州·

内 容 简 介

本书分别阐述了数感、符号意识、空间观念、几何直观、数据分析观念、运算能力、推理能力、模型思想、应用意识和创新意识10个数学核心素养的培养内容。并紧密联系当前基础教育阶段数学课程的改革动态，选择了丰富的典型教学案例，结合各个数学核心素养的理论要点对案例加以点评，以便教师在数学教学中更好地落实数学核心素养的培养目标。

图书在版编目（CIP）数据

数学教育专业核心素养提升读本/肖刚主编．— 广州：广东高等教育出版社，2021.7

（教师教育学科核心素养丛书）

ISBN 978-7-5361-6959-3

Ⅰ.①数… Ⅱ.①肖… Ⅲ.①数学课-教学研究-中小学 Ⅳ.①G633.602

中国版本图书馆 CIP 数据核字（2020）第 256652 号

SHUXUE JIAOYU ZHUANYE HEXIN SUYANG TISHENG DUBEN

出版发行	广东高等教育出版社
	社址：广州市天河区林和西横路
	邮编：510500　营销电话：(020) 87554153
	http://www.gdgjs.com.cn
印　刷	广州市穗彩印务有限公司
开　本	787毫米×1 092毫米　1/16
印　张	8.5
字　数	196千
版　次	2021年7月第1版
印　次	2021年7月第1次印刷
定　价	28.00元

（版权所有，翻印必究）

总　　序

　　核心素养的概念最早是由欧美一些发达国家在20世纪90年代提出来的，目的是提高各国公民的综合素养与核心竞争力。如何定义核心素养？表述不一。联合国教科文组织将学生终身学习所需要的素养称为核心素养；欧盟的《终身学习核心素养：欧洲参考框架》指出：核心素养是个体在自我实现、社会融入中所需知识、技能与态度的整合。在我国教育界，最先引发对核心素养关注的是2014年由教育部发布的《教育部关于全面深化课程改革　落实立德树人根本任务的意见》，这份文件明确提出要"研究制订学生发展核心素养体系和学业质量标准"。之后，北京师范大学牵头组织核心素养课题组，并于2016年9月13日发布中国学生发展核心素养的研究成果：以培养"全面发展的人"为核心，将核心素养分为文化基础、自主发展、社会参与三个方面，具体又细化为人文底蕴、科学精神、学会学习、健康生活、责任担当、实践创新等六大素养和国家认同等18个要点。

　　接下来的问题是如何培养学生的核心素养。这个任务，恐怕最终必须要落实到中小学的学科教学中。核心素养的培育，当然也可以通过家庭、社会教育的途径，但是，对于中小学生而言，他们接受教育的主要途径毕竟是学校教育，而学科教育是学校教育的基本教学形态。这样，学科核心素养的概念就被提出来了。一方面，学科核心素养是核心素养在学科中的具体化，如果没有学科教育的支撑，核心素养最终只能是空中楼阁；另一方面，每一个学科对核心素养的支撑又不可能是面面俱到的，它们有各自的学科特点和任务，它们支撑的可能是核心素养中某几个方面的要素，但是，各学科核心素养的有机结合就构成了新时代背景下学生必备的核心素养。目前，各学科的核心素养已经在教育界形成共识，并且已经被落实到新课程标准中。

　　对师范院校来说，当然要研究核心素养，要将学科核心素养纳入学科教学论的教学内容中。但更重要的是，我们培养的学生最终都要成为中小学某个学科的教师，他们要在教育教学中培养学生具有某学科的关键素质和能力，他们自己首先必须具有这一学科的核心素养。也可以说，具有学科核心素养，是师范生将来从事学科教育工作最基本的前提条件。甚至，我认为，各学科的师范生，应该自觉地将学科核心素养内化在自己的价值取向、思维方式、行为方式、情感态度之中，彰显自己作为某学科教师的独特标识。这样，对学生而言，他们不仅从教学中，而且从教师的身上，感受到具有鲜明学科特征的素养与品格。一个语文教师和一个数学教师，他们的行为方式、情感态度和气质，应该是不一样的。一个数学教师，应该是一丝不苟的、严谨的；一个语文教师，应该具有一点诗性气质。所以，对师范院校来说，如何培养学生的学科核心素养是一个事关人才培养的重要问题。这套丛书的编写，凝聚了我们对这个问题的思考和探索的成果。丛书没有统一的体例，有理论的阐述，亦有实践的案例，但是必须解决两个问题：其一，如何解读学科核心素养？其二，如何培养师范生的学科核心素养？从形成的书稿来看，水平有高低，体例各不同，但是大都涉及了这两个问题。我们的初衷是把这套丛书作为大学教师、师范生的教学参考书和读物。相信丛书的出版，对于提升师范专业人才培养质量，是有所借鉴和帮助的。

近年，广东提出了"新师范"的概念，也出台了《广东"新师范"建设实施方案》，这个概念的提出和若干措施的推动，不仅对广东，而且对全国教师教育改革都起到了较大的推动作用。当然，"新师范"究竟新在哪里？还有较大的阐释和讨论空间。我以为，"新师范"的"新"，应该包括党和国家对新时代教师所提出的新要求，也应该包括基础教育改革对教师素质和能力的新要求，而学科核心素养，无疑应该包含在这个新要求中。从这个角度看，这套丛书的编写和出版，也是对广东的"新师范"建设做出的一个微小的贡献。

黄景忠
2020 年 12 月

前　言

随着基础教育课程改革的不断深入，人们越来越关注学生核心素养的培养。就数学学科而言，人们更关注学生数学素养的提高，尤其是有关数学核心素养的培养。

《义务教育数学课程标准（2011年版）》中指出：数学是人类文化的重要组成部分，数学素养是现代社会每一个公民应该具备的基本素养……数学活动经验的积累是提高学生数学素养的重要标志。课标虽然提出了"数学素养"的目标，但是，当时无论是课标还是课标解读，都没有对数学核心素养的内涵与外延进行界定，导致数学核心素养的培养无法具体落实。近几年，这种情况已有所改观，对数学核心素养及其培养方法的研究正在逐步深入并成为热点问题，许多专家、学者以及数学教学一线教师都纷纷提出自己的见解。

基于交流和相互学习的心态，我们编写了《数学教育专业核心素养提升读本》一书，目的是为广大一线中学数学教师提供借鉴。本书具有以下几个鲜明的特点。

第一，系统性。本书分别阐述了数感、符号意识、空间观念、几何直观、数据分析观念、运算能力、推理能力、模型思想、应用意识和创新意识10个数学核心素养的培养内容，初步构成了数学核心素养的培养体系。

第二，可操作性。本书提出的培养策略是在深入调查研究的基础上，广泛吸取一线数学教师在数学教学实践中总结的鲜活经验形成的，是广大数学教育工作者集体智慧的结晶，因而具有很强的实践性和可操作性，对于广大一线中学数学教师的教学实践必将发挥有益的借鉴作用。

第三，通俗性。本书面向的读者是广大一线中学数学教师，由于他们教学任务繁重、时间紧迫，钻研深奥难懂的数学教育著作的精力有限。鉴于这种情况，本书在叙述上力求通俗易懂，生动有趣，力戒"学院式"的论述，避免晦涩难懂的语言，特别是本书使用了大量的数学教学案例，增强可读性，改变数学教育著作难读难懂的状况，为广大一线数学教师提供阅读方便。

在中小学数学教学中如何培养学生的数学核心素养是一个十分复杂而且涉及广泛的课题，本书仅是初步的、肤浅的探讨，许多问题还有待进一步深入探讨和研究。相信在广大数学教育工作者的共同努力下，中小学数学核心素养的培养路径一定会越走越宽广。

本书是 2020 年度广东省教育科学"十三五"规划项目"基于大数据的高师数学'过程→生成'理路及其实践图景研究"（项目编号：2020GXJK385）、2019 年度广东省高等教育教学改革项目"基于创新能力培养的数学类课程'过程→生成'教学模式改革与实践"、2020 年度广东省本科高校教学质量与教学改革工程项目"'过程→生成'教学论在线开放课程"、2020 年度广东省高等教育教学改革项目"'新师范'背景下职前教师数学'过程→生成'教学素养的培养研究"、2020 年度韩山师范学院质量工程建设项目"'过程→生成'理念下卓越中小学数学教师培养模式创新实验区"、韩山师范学院 2020 年度教育教学成果奖培育项目"基于数学核心素养的中小学'过程→生成'教学理论构建与实践探索"、韩山师范学院 2020 年校级科研项目"指向素质与创新的中小学'广义建构'教学法的探索与实践"（项目编号：XS202008）、韩山师范学院 2019 年教改项目"考研数学分析课程建设"等项目的阶段性研究成果。

本书借鉴了广大数学教育工作者的研究成果，对于引用的著作、论文、案例，都尽量注明出处，深以为谢。

由于笔者水平有限，本书不妥之处，敬请使用本书的教师、学生和专家批评指正。

编　者

2021 年 4 月

目 录

1 核心素养下中小学生数感的培养 ……………………………………………（ 1 ）
  1.1 "数感"核心素养的内涵 ……………………………………………（ 2 ）
  1.2 "数感"核心素养的研究现状 ………………………………………（ 2 ）
  1.3 "数感"核心素养的培养策略 ………………………………………（ 5 ）
    1.3.1 创设教学情境 …………………………………………………（ 5 ）
    1.3.2 开展实践活动 …………………………………………………（ 6 ）
    1.3.3 提高估算能力 …………………………………………………（ 6 ）
    1.3.4 联系实际生活 …………………………………………………（ 7 ）
  1.4 "数感"核心素养培养教学设计案例 ………………………………（ 8 ）
  小结 ……………………………………………………………………………（ 12 ）

2 核心素养下中小学生符号意识的培养 ………………………………………（ 13 ）
  2.1 "符号意识"核心素养的内涵 ………………………………………（ 13 ）
  2.2 "符号意识"核心素养的研究现状 …………………………………（ 14 ）
  2.3 "符号意识"核心素养的培养策略 …………………………………（ 14 ）
    2.3.1 需求中形成符号意识 …………………………………………（ 14 ）
    2.3.2 情境中发展符号意识 …………………………………………（ 16 ）
    2.3.3 理解中培养符号意识 …………………………………………（ 17 ）
    2.3.4 模型中强化符号意识 …………………………………………（ 18 ）
  2.4 "符号意识"核心素养培养教学设计案例 …………………………（ 19 ）
  小结 ……………………………………………………………………………（ 24 ）

3 核心素养下中小学生空间观念的培养 ………………………………………（ 25 ）
  3.1 "空间观念"核心素养的内涵 ………………………………………（ 25 ）
  3.2 "空间观念"核心素养的研究现状 …………………………………（ 26 ）
  3.3 "空间观念"核心素养的培养策略 …………………………………（ 27 ）

        3.3.1 重视直观教学 ………………………………………………（27）
        3.3.2 提高语言能力 ………………………………………………（27）
        3.3.3 注重动手探究 ………………………………………………（28）
        3.3.4 激发学习兴趣 ………………………………………………（28）
    3.4 "空间观念"核心素养培养教学设计案例 ……………………（32）
    小结 ……………………………………………………………………（35）
4 核心素养下中小学生几何直观能力的培养 …………………………（37）
    4.1 "几何直观"核心素养的内涵 …………………………………（37）
    4.2 "几何直观"核心素养的研究现状 ……………………………（37）
    4.3 "几何直观"核心素养的培养策略 ……………………………（38）
        4.3.1 运用"三图结合"教学 ……………………………………（38）
        4.3.2 引导"析图画图"方法 ……………………………………（45）
        4.3.3 培养"看图识数"能力 ……………………………………（46）
    4.4 "几何直观"核心素养培养教学设计案例 ……………………（46）
    小结 ……………………………………………………………………（50）
5 核心素养下中小学生数据分析观念的培养 …………………………（52）
    5.1 "数据分析观念"核心素养的内涵 ……………………………（52）
    5.2 "数据分析观念"核心素养的研究现状 ………………………（53）
    5.3 "数据分析观念"核心素养的培养策略 ………………………（54）
        5.3.1 促进统计意识形成 …………………………………………（54）
        5.3.2 培养多角度分析数据能力 …………………………………（55）
        5.3.3 培养分辨数据真实能力 ……………………………………（56）
        5.3.4 促使掌握数据整理方法 ……………………………………（56）
        5.3.5 培养数据随机意识 …………………………………………（57）
    5.4 "数据分析观念"核心素养培养教学设计案例 ………………（58）
    小结 ……………………………………………………………………（63）
6 核心素养下中小学生运算能力的培养 ………………………………（64）
    6.1 "运算能力"核心素养的内涵 …………………………………（64）
    6.2 "运算能力"核心素养研究现状 ………………………………（65）
    6.3 "运算能力"核心素养的培养策略 ……………………………（67）

  6.3.1　加强运算意识培养 …………………………………………（67）
  6.3.2　提高运算兴趣 ………………………………………………（68）
  6.3.3　加强算法算理及技巧教学 …………………………………（69）
  6.3.4　培养运算习惯 ………………………………………………（70）
  6.3.5　加强对比训练 ………………………………………………（70）
 6.4　"运算能力"核心素养培养教学设计案例 ………………………（71）
 小结 …………………………………………………………………………（76）

7　核心素养下中小学生推理能力的培养 …………………………………（77）
 7.1　"推理能力"核心素养的内涵 ……………………………………（78）
 7.2　"推理能力"核心素养的研究现状 ………………………………（78）
 7.3　"推理能力"核心素养的培养策略 ………………………………（79）
  7.3.1　情境导入策略 ………………………………………………（79）
  7.3.2　课堂提问策略 ………………………………………………（80）
  7.3.3　问题解决策略 ………………………………………………（81）
 7.4　"推理能力"核心素养培养教学设计案例 ………………………（84）
 小结 …………………………………………………………………………（90）

8　核心素养下中小学生数学模型思想的培养 ……………………………（92）
 8.1　"模型思想"核心素养的内涵 ……………………………………（92）
 8.2　"模型思想"核心素养研究现状 …………………………………（93）
 8.3　"模型思想"核心素养的培养策略 ………………………………（93）
  8.3.1　理论联系实际 ………………………………………………（94）
  8.3.2　引导主动思考 ………………………………………………（94）
  8.3.3　培养数学化能力 ……………………………………………（94）
  8.3.4　培养合情推理能力 …………………………………………（95）
  8.3.5　运用数学模型思想 …………………………………………（95）
 8.4　"模型思想"核心素养培养教学设计案例 ………………………（99）
 小结 ………………………………………………………………………（104）

9　核心素养下中小学生应用意识的培养 …………………………………（105）
 9.1　"应用意识"核心素养的内涵 ……………………………………（105）
 9.2　"应用意识"核心素养的研究现状 ………………………………（106）

9.3 "应用意识"核心素养的培养策略 ·· (107)
    9.3.1 注重数学知识生成过程 ··· (108)
    9.3.2 培养数学语言应用能力 ··· (108)
    9.3.3 搜集运用数学应用实例 ··· (109)
    9.3.4 运用所学解决实际问题 ··· (109)
9.4 "应用意识"核心素养培养教学设计案例 ······································ (110)
小结 ·· (114)

10 核心素养下中小学生创新意识的培养 ·· (115)
10.1 "创新意识"核心素养的内涵 ·· (115)
10.2 "创新意识"核心素养的研究现状 ··· (115)
10.3 "创新意识"核心素养的培养策略 ··· (116)
    10.3.1 培养记录灵感习惯 ·· (117)
    10.3.2 搭建创新意识平台 ·· (117)
    10.3.3 聚焦培养创新意识 ·· (118)
10.4 "创新意识"核心素养培养教学设计案例 ····································· (120)
小结 ·· (124)

1　核心素养下中小学生数感的培养

在日常生活中，几乎处处都与数学有关联，具备一定的数感，能使我们学会用不同的思维和方法理解并且解决生活中的实际问题。例如，当我们去电影院看电影的时候，电影院的座位都是有编号的，我们会理解这是有序的，这样便于人们找到自己的位置；假如一本作业本8角、一支铅笔1元、一块橡皮擦6角，那么我们买2本作业本、2支铅笔和1块橡皮擦一共需要多少钱呢？在具有良好数感的条件下，我们会自动把这种生活中的问题转化为一个数学问题甚至为这类问题建立数学模型，以便更好地解决问题。当人们在看待同一问题时，也可能会用不同的方式思考和解决，因此会对原有的数学知识结构进行改造和建构，这就促使人们通过数感发展自己的创新能力。

在数学教学过程中，激发学生的学习兴趣是教师实现有效教学的关键之一。如果单纯用传统的教学方式向学生传授书本的知识，侧重于记忆和精准的计算，那么学生的学习兴趣是难以被激发出来的，这会使学生丧失学习数学的动力。通过对学生数感的培养可以有效地解决这一问题，数感能够帮助学生探索数量之间的关系，从而避免枯燥的记忆和计算。在我们日常生活中，随着学生知识的积累、数感的加强，学生对数学的敏感度也会有所提高。例如，当我们看见鱼缸里的金鱼时，不再是注意金鱼的颜色，而是关注金鱼的数量，并且懂得比较不同品种金鱼的多少，这就可以说明我们具有了自然数感。学生不再单纯地把注意力集中在某件事物的表面，而开始注意数量方面的问题，这就说明学生对数学的敏感度提高了。

《义务教育数学课程标准（2011年版）》提出了10个核心素养，即数感、符号意识、空间观念、几何直观、数据分析观念、运算能力、推理能力、模型思想、应用意识和创新意识，明确把数感放在了数学核心素养中的首要位置，可见数感的重要性。具有良好数感的学生可以在数量的真实世界和数值表达式的数学世界之间无缝转换，他们可以发明自己的数值运算程序；可以用多种方式表示同一个数字；也可以识别基准数字和数字模式，尤其是那些源自数字系统深层结构的数字，他们对数值大小有很好的感知，能够识别出较大的数值误差，即一个数量级的误差；还可以用一种明智的方式思考或谈论一个数值问题或表达式的一般性质，而不需要做任何精确的计算。数感不仅使学生自动使用数学信息，而且是解决基本算术计算能力的关键因素。缺乏数感，会给学习数学的中小学生带来难以逾越的障碍。

1.1 "数感"核心素养的内涵

"Number Sense"这一概念是由美国数学家丹齐格(Dantzig)于1954年首次提出的[①],直译为"数感",也可以翻译成"数字意识"或者"数觉"。而我国首次提出"数感"概念是在2001年颁布的《全日制义务教育数学课程标准(实验稿)》的总目标中。对于数感的内涵,国内外数学研究者众说纷纭,"数感"可以说是一个比较朦胧的概念,而现在不管是教师还是学生,理解和把握数感的内涵是尤为重要的,因为只有真正地理解数感,教师才能从根本上帮助学生培养数感,学生才能从根本上建立数感、发展数感,从而更好地学习数学和运用数学知识。

《义务教育数学课程标准(2011年版)》将"数感"解释为:"数感主要是指关于数与数量、数量关系、运算结果估计等方面的感悟。建立数感有助于学生理解现实生活中数的意义,理解或表述具体情境中的数量关系。"[②] 这一解释是从两个方面对数感进行描述的:第一个方面是直接对数感进行界定,这种描述通俗易懂,符合绝大部分数学教师的认知倾向;第二个方面是从数感的功能进行描述,突出了数感与现实生活的密切联系,提醒教育者在教育过程中要注意联系生活实际,避免空洞的说教。总的来说,这一解释比较符合现阶段的数学教育者的认知,便于他们的理解和实践。

借鉴国内外专家学者对数感内涵的不同看法,我们可以这么理解:"数感不仅是人对数字的一种直觉、一种感悟,也是一种思维。尽管这么多学者对此进行了不同的解释,但最终都有一个共同点,那就是数感为学习数学奠定了基础,能够使学生很好地理解和解决数学类的相关问题。"

1.2 "数感"核心素养的研究现状

马云鹏和史炳星[③]对数感的研究相对较早,他们主要从数感的内涵和作用对数感进行研究。首先,在数感内涵方面,他们利用了估计会场中的座位和出席人数的例子通俗地解释了数感的概念,他们认为"数感"是人对数与运算的一般理解,并且这种理解帮助人们运用灵活的方法做出数学判断,为接下来解决复杂的问题做出有效策略;他们还认为"数感"是一种主动地、自觉地或自动化地理解数和运用数的态度和意识。其中也对《全日制义务教育数学课程标准(实验稿)》中的数感内涵进行了系统

---

① BERCH D B. Marking sense of number sense: implications for children with mathematical disabilities [J]. Journal of Learning Disabilities, 2005 (380): 333 – 339.

② 中华人民共和国教育部. 义务教育数学课程标准(2011年版)[M]. 北京:北京师范大学出版社,2012.

③ 马云鹏,史炳星. 认识数感与发展数感 [J]. 数学教育学报,2002 (2): 46 – 49.

分析，强调数学教学中要注重培养学生积极运用数来表达和交流的习惯，从而使学生从中体会数学的价值。其次，在数感的作用方面，他们认为数感在数学教育中可以提高学生的数学素养，为成功的数学教育打下基础。他们还认为数感可以培养学生的创新精神和实践能力，让学生学会使用不同的思维去思考问题，并且懂得用不同的方法解决问题；数感的培养可以帮助学生积极地去发现问题和提高用数学的方式理解和解决问题的能力。最后，强调了教学过程中教师应该注重体现数感，认为在数概念的教学中要重视对学生数感的培养，结合学生的数感让学生更好地理解和把握，从而帮助学生建立数感；并根据《全日制义务教育数学课程标准（实验稿）》提出的内容进行分析，认为数学教育要根据学生的年龄对学生进行不同的引导，从而使学生建立数感，发展数感，运用数感。

叶蓓蕾[①]在《对数感的再认识与思考》一文中，对"数感"的认识进行了更深一步的研究和分析。她通过对国内外多个专家学者的研究成果进行分析，阐述各大学者对数感的理解，最终得出自己对数感的看法。她认为"数感"是以"数概念"在人脑中的扩展而产生的一种对数学问题的敏感；认为数感是对数字的一种直觉，通过数感的培养形成人的数概念网络结构，从而帮助人们更灵活地掌握数学知识，为学习数学打下坚实的基础；她还认为数感是一种直感，它的特点是不稳定、反应时间短、没有逻辑性和演绎性，不仅以人的生理年龄作为划分依据，还与人的数概念网络结构有关。另外，她从三个方面对数感进行了思考分析，首先比较了"感觉"和"数感"的异同，认为感觉只是一种客观反映，侧重于人在视觉上的感受，而数感不仅是人对数字在视觉上的表面感受，还是人对数字的一种直觉和敏感度。其次对数感的功能进行了阐述，大体上跟马云鹏学者的研究相似。最后对数感的文化背景和数学的文化价值做了一些理论性的解释，认为数感的产生和发展具有文化价值，是文化的一种产物。在数感的培养方面，叶蓓蕾展开谈论，并给出了自己的建议，认为培养学生的数感应该重视数概念的教学，在教学过程中重视如何创设教学情境，重视学生估算能力的发展，重视培养学生运用自己的语言表达数学问题的能力。

史宁中和吕世虎[②]也根据《全国制义务教育数学课程标准（实验稿）》和一些其他学者的探讨对数感进行了思考，他们从两个方面对数感展开研究。首先，在对数感含义的研究中，通过《全日制义务教育数学课程标准（实验稿）》中提出的数感内容对数感的含义进行相关性的表述，此外，根据其他一些国内外学者的讨论，并在这些学者提出的数感的解释和用法中给出了对数感含义的辨析，他们认为数感是一种感知也是一种思维。其次，在数感的教学中，他们认为培养学生数感的重要时期是在小学低年级，此时的教学要注重为学生创设丰富的情境，以便学生更好地发展数感；而学生在学习用数表示多少之前要先学会数数，教师在教学中还要注重制造机会让学生动手

---

① 叶蓓蕾. 对数感的再认识与思考 [J]. 数学教育学报, 2004（2）: 34-36.
② 史宁中, 吕世虎. 对数感及其教学的思考 [J]. 数学教育学报, 2006（2）: 9-11.

操作,让学生通过亲身经历实践去理解运算与运算律;在教学过程中除了要让学生理解数的运算,还要重视联系生活实际,让学生从根本上了解数和运算的意义。最终,他们觉得培养数感需要经验和思考相结合。

陆珺[①]对国内大部分学者的研究做了一些综述,认为学者的研究大都集中在数感的内涵、数感的形成、数感的发展、数感的教学四个领域,最后提出了自己在数感培养方面的建议:第一,培养数感需要从一些实证性的相关课题进行研究开始,并且要增加这类研究,要对数感的培养进行实践性的分析;第二,从国外针对学生建立的评估量表,可以看出为学生建立合适的评估方式对学生数感的发展有积极的作用,故认为教学中应该注重根据学生的实际情况建立有效的量表;第三,在学生数感的培养过程中,应该通过开设新的方法,使学校和家庭相结合,共同实现孩子数感的发展,还应该把数感的培养拓展到课堂外,让学生在课外活动中亲身实践。

魏忠芳[②]对初中数学教学中的学生数感培养做了相关性研究,提倡在中学数学教学活动中应该把数学与生活相联系,运用生活中学生感兴趣的事物进行教学,并让学生亲身体验感受和操作,真正体会数的意义,学会用数表达、交流和解决生活中的问题,从而使学生建立和发展数感。在对中学生数感培养的认识中,魏忠芳认为培养学生数感有利于学生抽象思维能力的提高,也有利于养成学生科学的探究习惯。中学生在数感的形成过程中,对代数和几何两个方面进行分析:在代数方面,教师应该精确地使用数学刻画生活实例,让学生慢慢接受并理解;学生应该积极地使用数学表达,并逐渐学会灵活运用。在几何方面,教学要注重与实际生活联系,发展学生的发散性思维。在初中的数学教学过程中,对于学生数感的实践,也是在代数和几何这两个方面进行的,教师在讲授代数的相关课程时,应该重视创设生活情境,让学生切身体会身边的数学,增强学生对数学的亲切感;在几何的教学中,要注重培养学生的动手操作能力,使学生对数学的学习和理解更加深刻。

黄志强[③]从数感的含义、构成要素、发展规律三个角度提出了自己的见解。对于数感的含义,他对此前国内外专家学者的研究进行了综述和分析,最终提出了自己的观点,从本质上看,数感是一种感悟,对于数与数量、数量关系、运算结果的一种感悟,这与《义务教育数学课程标准(2011年版)》中给出的含义是一样的;从数感的价值上看,数感可以帮助人理解数的概念,从而使人在实际生活中理解数的意义。根据部分相关文献的描述,他认为数感的构成要素就是数与数量的理解和把握、数量关系的理解应用、运算结果的估计以及它们之间的内在联系。他觉得现阶段数感的发展

[①] 陆珺. 国内数感研究综述 [J]. 课程·教材·教法,2009,29 (6):46-50,75.

[②] 魏忠芳. 初中数学教学中培养学生数感的认识与实践 [J]. 中国科教创新导刊,2011 (24):95.

[③] 黄志强. 数感的含义、构成和发展规律 [J]. 教育评论,2018 (8):150-153.

规律是随着学生年龄的增长而逐步提高的，并且有一定的阶段性。他提出教师在教学活动中只有把握培养学生数感的关键期，才能有效地帮助学生建立和发展数感。

综上所述，数感的研究现状大体上可分为以下几个方面：数感的内涵、数感的作用或者形成、数感的培养等。而在以往的数感研究中，基本都是侧重于理论分析，缺少实践性，所以在数学教学中，很难把数感的培养落到实处。笔者认为，为了使学生的数感得到更好的发展，应该把理论和实践相结合，在理解理论的同时去实践，在实践的前提下认识理论。总而言之，理论和实践是不可分割的，数学教学活动中不管是教师还是学生，都必须把这两方面落实好，才能把数感培养起来。

1.3 "数感"核心素养的培养策略

1.3.1 创设教学情境

在数学教学过程中，情境创设是教学的第一步。俗话说得好：好的开始是成功的一半。广大数学教师应该重视教学情境创设，特别是数学的概念教学，如果只局限于书本中刻板、抽象和生硬的概念知识，对于学生来说是非常枯燥且难以理解的，而教师在讲授这类知识的时候也会比较吃力，此时教师应该结合学生熟悉的现实生活，积极创设合理有趣的教学情境，这样不仅可以激发学生的学习兴趣，也可以使学生更加深入地理解数的概念。其实在中小学数学教学中，创设有趣的教学情境在一定程度上可以增强学生对数的感觉，使学生对数有更为直观的认识。

案例1 在对学生进行大数的教学时，教师如果单纯根据书本的定义向学生解释，或许学生也能明白其字面上的意思，但对这个数的大概存在就没有概念了。假如在给学生讲解100 000这个数时，教师创设一个贴近学生生活的情境，比如我们学校的总人数是1 000人，而100 000这个数就相当于我们学校人数的100倍，便能使学生对这一大数的概念有了较为直观的认识。

案例2 在"分数的初步认识"这一课的教学中，可以创设以下教学情境：妈妈要把食物分给小红和小明，要怎样分才公平呢？同学们可以帮助这位妈妈把食物分给他们两个人吗？每个人分多少呢？在此之前，学生已经知道了平均分这一概念，所以学生会认为平均分才是最公平的。

师：有6个桃子，每人分几个？　学生：每人分3个。
师：有4颗糖果，每人分几颗？　学生：每人分2颗。
师：有2个苹果，每人分几个？　学生：每人分1个。
师：有1个蛋糕，又怎么分呢？　学生：每人分一半。

在最后分一个蛋糕时每人所分得的"一半"引出这节课要学习的内容。通过创设实际的生活情境，有利于学生理解分数这个比较抽象的概念，使学生体验数感，培养数感。

1.3.2 开展实践活动

数学知识的获取并不只有在繁杂的数学计算和简单的逻辑思考上，它也应该要在教学实践活动过程中体现，从实践活动中让学生自主动手操作，让学生切身去感受和分析，使学生建立数感。有的教师在数学教学中，对理论教学和实践教学的认识存在误解，将教学局限于理论知识，把重心放在加强学生对数学知识的记忆和训练中，利用刷题训练的方法让学生掌握一些数学的概念、公式，却忽视了引导学生在实践教学中探索数学知识的来源，这样的教学会让学生觉得数学只是一门单纯的学习科目，难以真正地让学生理解数学，体会不到学习数学的快乐。因此，数学教学中除了把握理论教学外，还要注重开展实践活动，为学生提供探索的机会。学生是教学过程中的主体，让学生自主地参与到课堂活动，在动手操作、合作交流中亲身感受数学，从而建立数感。

案例3 在"什么是周长"的教学中，教师可以开展画一画、找一找、摸一摸等形式教学，让学生初步认识周长的概念和感知周长的意义。而通过让学生量一量，可以使学生深入感知一些物体的周长。在学生认识了平面图形的周长后，怎样求平面图形的周长是学生要进一步学习的内容，教师可以开展量一量的活动，让学生对书本中相关的平面图形的边长进行测量，学生在知道周长意义的前提下，很容易明白把一个平面图形的各个边的长度相加就是它的周长。这种教学活动让学生自己动手操作，亲自去感知，从而促进学生数感的建立。

案例4 在"倍的认识"的教学中，教师可以出示图1-1。

图1-1　　　　　　　　　　　图1-2

引导学生把2根胡萝卜看作1份，并对这两种萝卜进行"圈一圈"，如图1-2所示，红萝卜的根数又会有这样的几份，有几份就是胡萝卜的几倍。通过组织学生看一看、圈一圈、说一说等活动，让学生建立倍的概念，从而建立数感。

1.3.3 提高估算能力

估算能力是我们生活中很普遍、很常用的一种能力。在我们买东西的时候，比如买猪肉时，一般老板能够大概地一次性切出客户想要的猪肉的量，这就说明人们具有一定的估算能力。在实际生活中，会存在一些残缺、数据不完整的问题情境，对这种问题的解决无法进行精确的测量，这就需要我们使用估算的方法来确定答案的范围，从而帮助我们确定解决问题的方向。由此可见，估算和我们的生活息息相关，每个人都应该具备一定的估算能力。在中小学数学教学中，有些学生缺乏对数量的感受，缺少对概念的直观理解，在遇到估算的问题时无从入手。估算的前提需要具备数感，而数感的发展也需要从估算入手，启发学生思考。教师要帮助学生培养估算能力，有助于学生的数感在估算的过程中不断地发展。所以在教学中加强学生估算能力的培养是当下数学教师的一大重要任务，教师应该根据学生的具体情况，加强学生的估算能力培养，发展学生的数感。

案例 5 在"用乘法估算解决问题"的教学中，有这样一个情境：三年级（1）班有 29 人去博物馆参观，门票每张 8 元，请问带 250 元买门票够吗？教师可以引导学生把 29 人看作 30 人，每张门票 8 元，那么 30 人就需要 240 元，而他们的人数比 30 少，所以带 250 元是足够的。对于这种问题，只要懂得估算，学生很快就可以解决。在解决此类实际问题的过程中，不断提高学生的估算能力，发展学生的数感。

案例 6 在米、分米、厘米、毫米的教学过程中，除了要使学生对相应的单位建立一定的"概念"外，还要让学生联系生活实际。教师可以选择一些与生活密切相关的事物让学生进行估测，比如：小明的身高是 150（ ）；一支钢笔长 13（ ）；一棵大树高 20（ ）。这类题目可以增强学生的估算意识，从而使学生养成估算的习惯，有利于学生数感的发展。

1.3.4 联系实际生活

数学来源于现实生活，也要应用于现实生活。鉴于数学与实际生活的密切关系，因此在中小学数学教学过程中，教师不能脱离生活实际，应通过联系实际生活进行数学教学，让学生接触更多的实际问题，使学生对实际问题和数量关系建立联系，并学会提出问题，运用合适的方法解决问题。在教学中，教师应该引导学生积极运用数感解决实际问题，这样不仅可以使学生不断拓展知识，还可以使学生对知识和生活有新的认识，让学习与现实生活建立联系。生活中有很多问题需要人们在一定的时间内做出理解和判断，而只有在人们具备一定的数感的条件下，才可以快速地对实际问题的运算结果做出合理判断。

案例 7 七年级（1）班组织了一次游植物园活动，由于植物园比较大，需要乘坐观光车，了解到每辆大的观光车可以乘坐 6 人，租金是 10 元；每辆小的观光车可以乘坐 4 人，租金是 8 元，全班一共 50 名同学，请设计租车方案，并比较哪种方案最好，说明选择此方案的理由。学生在设计多种方案后，通过交流和对比，最终得出租 7 辆大的观光车和 2 辆小的观光车是最合适的，因为这样最省租金。这种解决实际问题的情境设计，使学生深刻感受到数学和生活密切相关。

案例 8 在解决工效问题时，也有运用到数感的实例，比如有这样一道题：有一个工程，如果由 A 队单独完成要 15 天，而由 B 队单独完成要 20 天，那么 A 队和 B 队的工作效率之比是多少呢？在学生具备了一定数感的条件下，会很容易得出答案，从

A队15天能完成和B队20天能完成这两个已知条件可以知道A队的工作效率明显要比B队的工作效率高,所以很容易得出它们的工作效率之比是4∶3。

1.4 "数感"核心素养培养教学设计案例

【教学内容】 "百分数的认识"[①],选自北师大版《数学》六年级上册第39～40页。

【教学目标】

1. 知识与技能

使学生在现实的情境中,初步理解百分数的意义,会正确地读、写百分数。

2. 过程与方法

使学生经历百分数意义的探索过程,体会百分数与分数、比的联系和区别,积累数学活动经验,进一步发展数感。

3. 情感态度与价值观

使学生在用百分数描述和解释生活现象的过程中,体会百分数与生活的密切联系,增强自主探索与合作交流的意识。

【教具准备】课件。

【课前思考】

百分数对于学生来说,在日常生活中多少已有过接触。所以对于百分数,学生在生活中已有一定的经验积累,如何激活学生的相关经验,适时地进行数学化,让学生完成百分数意义的建构,是本课教学的关键。同时学生在学习本节课内容之前,已经对分数的意义有了一定的理解,在教学中及时引导学生理解百分数与分数的联系与区别,会较好地帮助学生理解百分数的意义。密切联系,增强自主探索与合作交流的意识。

【教学过程】

一、联系生活,引入概念

师:同学们,课前老师让大家收集生活中的百分数,你们找到了吗?谁愿意说说你是在哪里找到的?并说说你的理解。

生自由发言。

师:同学们找到了这么多的百分数,看来它在日常生活中的应用相当广泛,但究竟什么是百分数?百分数与分数有什么区别和联系?这节课,让我们站在数学的角度进一步认识百分数。

【设计意图:让学生交流收集的百分数,自然过渡到新知识的学习环节。】

---

① 杨华. 基于经验 抓住本质 培养数感:《百分数的认识》教学设计 [J]. 小学教学设计,2020 (26):52-53.

二、合作交流，厘清概念

1. 自主学习，初步感知

师：请阅读课本第39页"认一认"内容，把重点的部分勾画出来，在不懂的地方打上"？"。

生先自主学习，然后全班交流。

师：（适时引导）百分数是表示一个数是另一个数的百分之几的数，一般写成带有百分号（%）的形式，读作百分之多少。

师：请你们各自写出几个百分数，同桌互相读一读。

生：84%、28%、90%、117.5%等，117.5%的读法可能出现两种情况。

教师适时引导，说明百分数的正确读法：百分号前面的数字按照整数或小数的读法来读。

师：请你说出一个具体情境中的百分数，并说明这个百分数所表示的意义。

生先独立思考，再进行汇报交流。教师适时引导学生用准确的数学语言进行表述。

师：如今全校学生的出勤率为98%，98%表示到校的学生数是全校学生总数的百分之九十八。

【设计意图：采取自主学习与合作交流相结合的学习方式，在学生了解生活中百分数的基础上，将生活中的数学现象抽象成数学模型并加以解释，唤起学生进一步探究知识的欲望。】

2. 质疑问难，深层感悟

师：通过交流，相信大家对百分数有了进一步的理解。百分数又叫作百分比、百分率，这是为什么？百分数与分数之间又有什么联系和区别呢？

（1）填一填，说一说。

师：为什么百分数又叫作百分比、百分率？

师：每4人为一小组，完成下列填空。

（课件出示）还可以怎么说？

生1：小红家的图书数是乐乐家的10倍。

生2：乐乐家的图书数是小红家的$\frac{1}{10}$。（分数形式）

生3：乐乐家的图书数与小红家的图书数比是1:10。（比的形式）

生4：乐乐家的图书数是小红家的图书数的10%。（百分数形式）

师：通过以上分析可以看出，百分数是一种特殊形式的数，它和分数、比的意义有相同之处，所以百分数又叫百分比、百分率，但通常不写成分数或比的形式，而采用百分号（%）来表示。百分比是一种表达比例、比率或分数数值的方法，如10%代表百分之十，或$\frac{10}{100}$，或0.1。

(2) 选一选，议一议。

师：百分数与分数之间有什么联系和区别？

师：仔细读题，认真思考，慎重选择。（课件出示）

①一条路已修的占全长的（　　），剩30%没修。

A. 70%千米　　　B. 70%　　　C. $\frac{70}{100}$千米

②一堆沙子的质量是（　　）。

A. $\frac{97}{100}$吨　　　B. 97%

③一条绳长1米，平均分成5份，每份是全长的（　　）。

A. $\frac{1}{5}$　　　B. $\frac{1}{5}$米

④一本书，已经看了85%，还剩（　　）没有看。

A. 15%　　　B. 15%页

师：对比发现，分数既可以表示两个数之间的关系，不带单位名称；又可以表示一个具体的量，带有单位名称。而百分数只表示两个数之间的关系，不能表示具体的量，不带单位名称。

【设计意图：提供具体的素材，把百分数与分数之间的联系和区别放到具体的情境中进行分析，让学生在相互交流中达成共识，内化新知，突破难点，提高学生分析、概括、解决问题的能力。】

(3) 想一想，比一比。

师：有没有最大的百分数和最小的百分数？

生：最大的百分数是100%。

师：100%怎么读？表示什么意思？比如王师傅加工了60个零件，60个全部合格，可以说王师傅加工的零件100%合格。

师：花花入学时身高是1.2米，现在身高是1.5米，现在身高是入学时的125%，125%和100%相比较，谁大？

师：还有比125%更大的百分数吗？400%呢？怎么读？表示什么？（一个数是另一个数的百分之四百，也就是说一个数是另一个数的4倍）

师：请你说出表示一半意思的那个百分数。（50%）

师：（指板书）84%、28%、90%、117.5%、98%、100%、125%、400%、50%这些百分数中，谁最大？还有比它更大的百分数吗？

生：上面百分数中400%最大，还有比它更大的，百分数可以无穷大。

师：看来没有最大的百分数。那上面百分数中谁最小？还有比它更小的百分数吗？

师：（适时补充1%）还有比1%更小的百分数吗？

学生产生疑问。

师：（课件出示）我国的土地面积正以每年0.03%的速度被沙漠侵吞。你知道0.03%指的是谁的0.03%？是960万平方千米的0.03%，面积大约是2 880平方千米。1平方千米是1 000 000平方米。我们的教室有多大？相当于多少个教室？可见，保护环境，刻不容缓。

师：看来，还有比1%小的百分数。

师：通过学习我们发现：百分号前面的数可以是整数，也可以是小数。没有最大的百分数，也没有最小的百分数。

【设计意图：增加"有无最大最小百分数"的教学内容，对教材中百分数概念进行补充和延伸，使小学阶段数的认识这一知识体系更加完整，同时结合内容对学生进行保护环境的情感教育，达到"一箭双雕"的效果。】

三、分层练习，巩固概念

（1）请你用10秒钟时间快速写出10个百分数。

师：你写出了几个百分数？完成了百分之几？

（2）六年级（1）班准备派下面队员中的一名参加学校的套圈比赛。

下面是他们近期套圈情况统计。（课件出示）

表1－1

姓名	套圈总数/个	套中数/个
笑笑	20	17
淘气	10	9
奇思	25	20
妙想	50	46

你认为该派哪名队员？说说你的理由。

（3）估计每幅图的阴影部分占整幅图的百分之几，再与对应的百分数连起来。

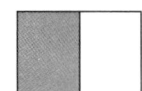  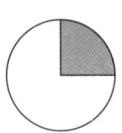 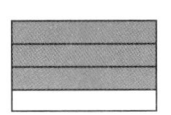 

    33%   50%   75%   12.5%   25%

（4）说出下面成语表达的意思，并说明可以用哪个百分数来表示。

平分秋色　　十拿九稳　　百里挑一　　百发百中　　事半功倍

【设计意图：通过多种形式的练习，加深学生对百分数的理解，提高灵活应用知识解决问题的能力。】

四、拓展升华，深化概念

师：通过本节课的学习，你对百分数有了哪些新的认识？关于百分数的学问还有很多，下节课我们继续研究。有句名言说得好，天才＝99%的汗水＋1%的灵感。希望大家在平时的学习中，勤奋刻苦，积极思考，实现心中的理想。

【设计意图：一堂好的数学课，既要有精彩亮丽的导语、丰富充实的环节，又要有回味无穷的结尾。选用爱迪生的名言，既与本节课所学的百分数知识有关，又渗透了思想教育，激励学生努力学习，增强学生学习数学的自信心。】

【教学反思】

本节课教学是对百分数的认识，百分数是在学生学过整数、小数和分数，特别是解决"求一个数是另一个数的几分之几"问题的基础上进行的教学，这一内容是学习百分数与分数、小数互化和用百分数知识解决问题的基础，是小学数学中重要的基础知识之一。百分数在学生生活、社会生产中有着广泛的应用，大部分学生都直接或间接接触过一些简单的百分数，对百分数有了一些零散的感性知识。所以在教学中我从学生生活实际入手，采用学生自主探究、合作交流为主，教师点拨引导为辅的策略，让学生在生活实例中感知，在积极思辨中发现，在具体运用中理解百分数的意义。主要体现在以下两个方面：

1. 密切联系生活，理解百分数的意义

百分数是在日常生产和生活中使用频率很高的知识，学生虽未正式认识百分数，但对百分数却并非一无所知。感悟在生活中搜集到的具体的例子，对激发内在的学习动力起到了很好的作用。

2. 关注学生知识的构成过程

新课程理念强调，重视知识的构成过程，不能只关注结果。"百分数的认识"这节课的教学资料无论是素材的选取还是教学过程的设计都让学生体会和感受到了学习数学的必要性。没有直接告诉学生学习百分数的作用和好处，而是通过小组学习，让学生在探索学习中悟出百分数的含义，从而总结出百分数的好处，然后再应用到解决实际生活的例子中。

小结

中小学生的数感要从小开始培养，数感的培养不是一蹴而就的。在教师不断引导的同时，家长对孩子的引导也是至关重要的，另外学生也要积极主动地学习，并在学习的过程中逐步建立发展起来。此外，中小学生的学习环境和学习资源也是必不可少的，所以在中小学数学教学中，应该对学生数感的培养给予高度重视，教师应该结合适当的教学策略，根据学生已有的水平进行教学，并为学生创设良好的学习情境，有效地加强中小学生数感的培养，帮助学生建立数感和提高数学素养，使学生更好地学习和运用数学知识，教师真正地实现数学的教学目的。

总而言之，中小学生数感的培养是一项非常重要并且艰巨的工作，需要教师的指导、学生的主动积极、家长的支持等多方的共同努力。

2 核心素养下中小学生符号意识的培养

数学符号是一种精练的数学语言,数学符号为抽象思维提供了直观形式,数学符号是数学思维活动的载体,丰富了数学教育教学的理论和实践研究。帮助中小学生建立和发展符号意识是数学教学的重要任务之一。本章基于"过程→生成"教学理念,从"符号意识"核心素养的内涵、研究现状及培养策略等方面进行讨论,旨在通过培养符号意识来提升中小学生的数学核心素养。

2.1 "符号意识"核心素养的内涵

首先来说说什么是符号。符号就是用一种最本质的代号去简化或者替代另一种事物。最本质的代号可以是符号本身、字母、数字、图形、文字、简笔画或表达式等。换言之,符号是看到某物就能敏感地赋予其最直接的符号特征。例如,当看到麦当劳招牌的时候,学生会马上想到字母"M",或者交通指示牌上的"×""P"都可以积极提升学生对符号的敏感度。

什么是数学符号呢?符号是数学的语言,把文字语言以直观、形象、简洁的形式表现出来,应该说这也是对符号本质属性的深刻理解和诠释[1],数学符号可以把难懂的文字换成几何语言,方便记住逻辑关系,从而简化数学工作。

那数学符号意识又是什么呢?符号感和符号意识是不是一样的呢?《全日制义务教育数学课程标准(实验稿)》中首次提出"符号感",《义务教育数学课程标准(2011年版)》中正式提出了"符号意识",并将其作为十大核心素养之一。[2] 数学符号意识主要包括三大内容:①数学符号意识是学习数学语言的一种工具,在数学推理、数学运算、数学证明中起到很重要的作用;②能够理解并且会运用符号表示数、数量关系,表达式转换和变化规律;③两者区别:符号意识是一种主动性的反应,可以是积极的心理倾向,符号感是一种观念性的反应,可以是手感、语感之类的。

---

[1] 刘云章. 数学符号学概论 [M]. 合肥:安徽教育出版社,1993:45-48.
[2] 中华人民共和国教育部. 义务教育数学课程标准(2011年版)[M]. 北京:北京师范大学出版社,2012:1-48.

2.2 "符号意识"核心素养的研究现状

国内学者不仅对中小学生的符号意识培养进行了研究,还对符号的产生、符号的意义进行了研究。有的学者对学生在数学符号的认识和运用存在的不同表现及其典型错误两个方面进行了大量的问卷调查与数据分析,得出中小学生认知发展水平和学生发展数学符号意识的关系,为教师开展数学符号意识的培养进行尝试与调整。

如王成营的博士论文《数学符号意义及其获得能力培养的研究》,通过调查问卷,分析中小学生的数学符号意义和学习现状,中小学生的表现和能力培养,并给予可以实施的培养案例;刘云章教授最早研究且影响深远的《数学符号学概论》中关于符号产生的研究,并分为关系符号、字母符号、运算符号、辅助符号等。还有徐东良的数学符号意识的培养,① 以及全奉的初中数学符号意识的培养等。②

国外学者的研究同样也对培养中小学生的数学符号意识起到了积极的推动作用。有专门研究数学符号的起始,有专门研究数学符号的含义及其数学符号的分类,有专门研究数学符号对学习数学的重要性,以及如何培养中小学生符号意识的策略等。

如美国数学学会会员、教育家、科学史家卡约里在其著作《数学符号史》中介绍符号的产生、使用、发展以及表现的形式。③ 数学家戴维·希尔伯特(David Hibert)在他的著作 Mathematical Problems in Bulletin of the American Mathematical Society(《美国数学学会公报中的数学问题》)阐述"数学符号意识"④。除此之外,国外学者还有西尔维斯特(Sylvester J. J)等也对数学符号、数学符号意识的研究做出了巨大贡献。

2.3 "符号意识"核心素养的培养策略

2.3.1 需求中形成符号意识

让学生在复杂的文字中感受到符号的魅力,从而在解决数学问题的过程中自觉地形成符号意识。只要仔细分析,就能发现数学符号给数学理论带来的极大方便,甚至其作用是必不可少的。让学生明白引入数学符号的必要性,理解数学符号的作用与价值,从而在需求中形成符号意识。

数学符号,还可以表示空间观念的最本质属性,从而推动数学的发展。如让中小

---

① 徐东良. 数学符号的诞生的启发 [J]. 数学学习与研究(教研版),2014 (4):109.
② 全奉. 谈谈初中数学符号意识的培养 [J]. 课程教育研究,2013 (26):146.
③ KINZEL, et al. Linking task characteristics to the development of symbol sense [J]. The Mathematics Teacher, 2001 (6):11.
④ 杨晓航. 初中生数学符号意识的现状调查及培养策略 [D]. 新乡:河南师范大学,2017.

学生明白引入数学符号可以简化数的表示,方便理解,也能提高运算速度和准确率等,让学生体验到通过数学符号学习数学的优越性,从而提高学习数学的积极性。

案例1 小学一年级下册的"排队问题"。

问题一:笑笑前面有7个同学,后面有4个同学,请问一共有多少人排队?

变式1:一共有17个小朋友排队,淘气前面有4个人,请问淘气后面有几个人?

变式2:小红有7支铅笔,小明有11支铅笔,小明给小红几支后,两人一样多?

变式3:小明和小红每人有7支铅笔,小明给小红2支后,小红比小明多几支?

由于小学生认知发展水平有限,理解逻辑语言还存在一定的困难,思维能力主要是以具象思维为主,因此借助数学符号来帮助理解是很有必要的。学生易答错,会直接答$7+4=11$,$17-4=13$,$11-7=4$,$17-2=15$等。由于这种解决问题的方法贴近现实,当老师说学生的答案错误时,若再问为什么错,学生就会进行思考,为什么他们会错了呢?这时候老师可以用画数学符号图的方法(用自己喜欢的一个图形符号,如○来表示一个人)来表示数量关系。

得出结论:学生会加深印象,原来是没算上笑笑、淘气自己。这时学生会在无形中建立数学符号的需求性,加深理解能力,提高解决问题的能力,从而在无形中培养了中小学生的数学符号意识(正确答案见图2-1至图2-4)。

图2-1 常规"排队问题"图　　图2-2 变式1"排队问题"图

图2-3 变式2"排队问题"图 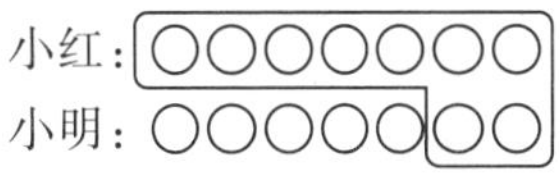　　图2-4 变式3"排队问题"图

像这种题,高年级的学生一般会直接得出正确答案,而不需要借助画数学符号图来理解,但是,随着题目难度的增加,题目语言逻辑增强,很多也需借助数学符号来简化题意、理解题意或提高运算速度。

案例2 初中数学中,很多同学在合并同类项这里也用了符号,在不同项下做不同的标记来达到精准计算的目的,如:

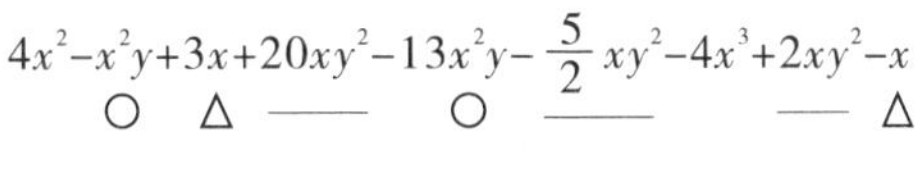

图2-5 用不同符号标记表示图

这样同学们就不容易搞错同类项。在七年级用乘法公式计算一些数值相同、符号

不同的多项式乘多项式时可以用乘法公式来进行简便运算,如平方差公式:$(a-b)(a+b)=a^2-b^2$;完全平方差公式:$(a\pm b)^2=a^2\pm 2ab+b^2$。像$(2x+3y)(2x+3y)$,学生很快就会知道怎么做,但是一变形,学生做起来就有点费劲,如下面几个:

变式1:$(3x-2y)(-3x-2y)$

变式2:$(2x-3y)(3y-2x)$

变式3:$(x-y+1)(x+y-1)$

变式4:$(-x+2y+1)(x-2y-1)$

像这种数值位置相同、符号不同需要当作一个整体的,学生很难把两项看成一个整体,这时就需要稍微借助一些小符号来标记,把这些计算题变得简单一些,可以在相同符号上面打"√",不同符号上打"×",标记后变成:

(1) 当每项都是"√",也就是符号相同,用完全平方公式进行计算,学生都会,如$(2x+3y)(2x+3y)=(2x)^2+12xy+(3y)^2$。

(2) 当每项都是"×",也就是符号相反,把符号提到括号外,用完全平方公式进行计算,学生都会,如$(2x-3y)(3y-2x)=-(2x)^2+12xy-(3y)^2$。

(3) 还有一种是有打"√"和打"×",把符号提到括号外,用平方差公式进行计算,学生也都会做。这样处理方便理解和提高计算准确率。

2.3.2 情境中发展符号意识

生活是培养学生符号意识的摇篮与沃土,因此数学教学要尽可能在实际问题情境中帮助学生理解符号以及表达式、关系式的意义,在解决实际问题中增强中小学生的符号意识。

案例3 四年级学的"用字母表示数"编青蛙儿歌:一只青蛙一张嘴,两只青蛙两张嘴,三只青蛙三张嘴,四只青蛙四张嘴,五只青蛙五张嘴……

通过玩游戏编儿歌或者卡通角色扮演,学生与学生互动,最后引出如果有n只青蛙,那就有n张嘴;如果有a只青蛙,那就有a张嘴,学生自然就明白当我们不知道有多少只青蛙时可以用任意字母来表示,知道字母可以表示数的意义和关系,从而在以后遇到一些问题时会联想到具体情境。或者当问及扑克牌上的字母J、Q、K表示哪几个数字时,通过生活中常见的玩扑克牌的具体情境,学生会快速回忆起,并了解到字母J可以代表11,字母Q可以代表12,字母K可以代表13,从而让学生牢牢掌握字母表示数的意义。

案例4 六年级下册第二章"长方体的体积"中,刚开始学习时,教师可以通过课件带学生一起去观赏很多宏伟壮观的建筑,如故宫、水立方等,欣赏完之后抛出一个问题:如果一平方米需要花5.8元,一共需要花多少元?这样设置的目的在于激发学生的兴趣。要求需要花多少钱,学生就必须先知道表面积,才能求出花了多少钱。但是表面积又要怎么求呢?学生已学过长方形面积公式,通过思考就会从学过的长方形面积公式推导出长方体的表面积公式,并且在具体情境中学会用字母表示公式的意义，即数的关系。

还有在初中的三角形对应边呈比例、锐角三角函数等知识点中，正弦、余弦、正切用到符号 sin α，cos α，tan α 和二次函数等相关知识，通过创设情境来让学生思考如何用数学符号表示：求大坝多高时，船可以通过？求桥多高时，车可以通过？增加了学生学习数学的趣味性，从而在情境中发展学生的数学符号意识。

在现实情境中运用数学符号是培养符号意识的关键。培养中小学生的符号意识，必须有目的、有意识、有计划、有步骤地渗透于数学教学的始终。教师可以在实际生活中提出新颖、有趣、生动的问题，让学生在趣中学、学中乐。

2.3.3　理解中培养符号意识

培养中小学生的数学符号意识要循序渐进，不能一蹴而就，在逻辑思维认知能力还比较弱的时候多借助直观的实物或者图形符号来表示引入内容。而要借助这些来引入，首先就要：

（1）使学生正确理解和使用数学符号，知道符号的意义，有的符号是一符多义，有的符号是多符一义，有的形同而义不同，还有的有隐含意义。如反比例函数 $y=\dfrac{k}{x}$ 隐含 $x\neq 0$，$k\neq 0$。只有清楚理解符号的最本质的含义，在做题的时候才能举一反三。

因此，要使学生真正有符号意识，要在教学过程中加强对符号含义实质的理解，注意让学生正确、科学地使用符号所表示的概念、用法，这是培养符号意识的基础。

（2）整理归类数学符号，形成数学符号知识网络。这样的好处就是方便学生记忆与有意义联想，而且在加强的过程中避免学生机械地记忆和练习，要在理解的基础上加强才有意义。有的学生只是死记硬背，记住了这个符号，但下次遇到又不会做了；而且如果只是机械地记住符号，会让学生在学习数学时觉得枯燥，导致越来越不想学，产生越来越多的厌烦情绪。因此，在这些基础上，在渗透符号意识的过程中多启发、多引导，时刻注意中小学生符号意识的训练与强化，像小学一年级下册中解决谁比谁多多少、谁比谁少多少这类数学问题时，教师要让学生养成把复杂的文字转化成"标数量"的数学符号习惯。

案例5

类型一：19 比（　　）少 1，比 12 多 7 的数是（　　）。

类型二：鸡是 18 只，鸭有 8 只，鹅是 16 只。

问：鸡比鹅多多少只呢？鸭比鹅少多少只？

类型三：用"多得多""少得多""多一些""少一些""差不多"填空。

鸡是 18 只，鸭有 100 只，鹅是 16 只。

问：鸡比鸭（　　）；鸭比鹅（　　）；

鸡比鹅（　　）；鹅比鸡（　　）；鹅比鸭（　　）。

这些问题很多一年级学生会做，但是一遇到跟其他问题混在一起的时候，就经常做错，错误的原因就是分不清谁多、谁少或者代错数字，这时就需要不断强化学生的符号意识。如解决类型一题目时，由于有些学生理解能力有限，以为是 12－7＝5，会直接填5，这时需要转成符号来帮助理解，如"比"用"－"，"多"用"＋"，"少"用"－"。类型二题目有些学生会分不清鸡、鸭、鹅，也需要用数字符号加以强化，同时帮助理解，所以一定得把数字标在鸡的旁边、鹅的旁边。为什么要用减法？"大数"－"小数"时，为什么鸡比鹅多，什么时候这里填多？要让学生不断强化"比"字之前是"大数"，所以用"多"字，在强化训练中培养学生的符号意识，以后遇到复杂问题也能条件性地用同样的方法解决。类型三题目同样如此。

又如记住两个数的大小符号，开口对大数，尖尖对小数，反复地强调让学生自然形成"＜"前面是填小数，"＞"前面是填大数。由于小学生的思维理解能力还不是很好，需要靠记忆加以辅助，才能学会使用这些符号。只有不断地强化，符号意识才能得以提高，像"甲乙丙丁"工程问题也是如此。伴随着学生数学思维层次的提高而逐步发展，在七年级的"有理数"教学中，字母 a 是负数，就用 $a<0$ 来表示，进而让学生形成条件反射，由 $a<0$ 就意识到 a 是负数。平时讲例题、练习题时要帮助学生理解符号的意义，渗透符号语言。

2.3.4 模型中强化符号意识

引导、总结解决问题的思路和方法，建构模型，从而发展数学符号意识。

（1）通过引导发展学生的符号意识，如教学几何图形这类图式符号时，可以引导学生通过摸一摸来感受实物的特点，通过摸一摸、看一看、印一印让学生用自己的语言总结实物的特征，从而以符号认识各部分的名称及特点。

案例6 六年级下册的"认识长方体"。

教师以过年刘谦变魔术为开头也跟学生玩个变魔术游戏。魔术盒里装着各种长方体模型和正方体盒子。首先，让学生把手伸进盒子里摸一摸，让学生说说摸到了什么，从而很好地引导学生说出摸到物体的特点。其次，教师引导后，总结这个角实际就叫作顶点，边叫作棱，并用图式符号表示长方体的特点，用角的图形与实物进行对比。学生会在这个引导、总结模型过程中自觉用符号总结长方体的特点。

（2）教师要引导中小学生用数学符号进行归纳总结，像小学阶段的路程问题、鸡兔同笼问题、盈亏问题、归一问题、流水问题等，还有中学的证明三角形全等、证明三角形相似、函数问题、方程问题等，教师都要从相关的问题中帮助学生归纳典型的结构模型，并以一定的符号命名。

案例7 如北师大版三年级数学下册的"植树问题"，关键是发现树与间隔数之间的关系，可以用简单的线段图帮助学生理解题意，再归纳总结出符号公式（见图2－6至图2－8）。

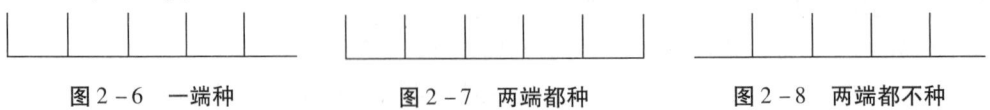

图2－6　一端种　　　　图2－7　两端都种　　　　图2－8　两端都不种

这里要帮助学生理解 -1、+1 的重要性，因为在具体教学中只会出现两个数字，如在一条 50 米的公路上种树，每隔 2 米种一棵，两端都不种，需要种几棵，学生立马会以为是 50÷2=25 棵。类似的还有"线段与次数问题"，5 段需要剪几次等；"楼层问题"，7 楼需要爬几层等。所以要让学生在活动中学会构建模型，从而培养数学符号意识。

2.4 "符号意识"核心素养培养教学设计案例

【教学内容】"用字母表示数"①，选自北师大版《数学》四年级下册第 61 页。
【教学目标】
1. **知识与技能**
结合实例初步理解和掌握用字母表示数的方法，会用含有字母的式子表示简单的数量、数量关系和计算公式。
2. **过程与方法**
在解决问题过程中经历用含有字母的式子表示简单的数量、数量关系和计算公式的抽象概括和表示过程，进一步体会数学的概括性和简洁性，发展抽象思维。
3. **情感态度与价值观**
培养符号意识，产生进一步学习用字母表示数的好奇心。
【教具准备】多媒体课件、展台、白纸条、小棒。
【课前思考】
"用字母表示数"是学生学习代数初步知识的启蒙课，是后续学习简易方程以及中学进一步学习代数知识的前提和基础，在数学知识整体结构和学生学习过程中有着至关重要的作用。用字母表示数是由具体的数和运算符号组成的式子过渡到含有字母的式子，是学生学习数学的一个转折点，也是认识过程中的一次飞跃。教材通过三个情境，学习用字母和含有字母的式子表示数及数量关系，并体会其方法和作用，学会用字母表示学过的有关图形计算公式和运算定律，体现了由具体到抽象、由浅入深、层层推进的意图与特点。

【教学过程】
一、创设情境，产生需求
1. **情境一：数青蛙**
出示：数一数，1 只青蛙 1 张嘴，2 只青蛙（　　）张嘴，3 只青蛙（　　）张嘴……
师：能数完吗？

---

① 张勇成. 任务驱动，培养符号意识：《用字母表示数》教学设计与思考 [J]. 教育视界，2020（35）：46-48.

出示"尝试任务一":想办法用一句概括的话将儿歌写下来:(　　)只青蛙(　　)张嘴。

学生讨论,根据学生回答讨论、比较各种结果,进行符号化处理,得出用字母表示数。

板书:(n)只青蛙(n)张嘴。

师:完成刚才的任务,我们用到了什么方法?

教师引导学生回答,最终形成板书:概括。

师:如果只选择其中的一种方式来概括,你会选择哪一种?为什么?

教师引导学生回答,最终形成板书:简洁。

【设计意图:兴趣是最好的老师,从有趣的儿歌导入,发现并提出儿歌中隐藏的数学问题,从而提高学生的学习兴趣。】

2. **情境二:摆一摆**

出示:摆一摆,△△△△。

师:摆1个三角形用几根小棒?摆2个三角形用几根小棒?(根据学生回答出示:2×3)摆3个三角形用几根小棒?(根据学生回答出示:3×3)摆4个三角形用几根小棒?(根据学生回答出示:4×3)

师:能摆完吗?

出示"尝试任务二":想办法用一个式子来概括,摆(　　)个三角形用小棒的根数是(　　)。

学生讨论,根据学生回答板书:摆(n)个三角形用小棒的根数是($3\times n$)。

师:这里的n表示哪些数?这里的3为什么不用字母来表示?

师:想一想,这里字母表示什么样的数?

预设:变化的数。

板书:变化。

师:看来用字母表示数可以把不同的变化情况归纳起来,你觉得用字母表示数怎么样?

师:今天这节课我们就来研究用字母表示数。

【设计意图:通过用小棒摆三角形和学生合作探讨,逐步得出一般的规律,自动过渡到新知识的学习环节。】

3. **情境三:填一填**

出示:李明今年10岁,老师比李明大24岁,怎样用算式表示老师现在的年龄?

教师根据学生回答,板书:$10+24$。

师:"$10+24$"这个式子表示了几层意思?

根据学生回答,出示:"$10+24$"表示老师今年的岁数,还表示老师和李明岁数的数量关系。

出示"尝试任务三":张校长比李明大(　　)岁,张校长今年(　　)岁。

根据学生讨论结果，板书：张校长比李明大（n）岁，张校长今年（$10+n$）岁。

师：数学上通常用字母来表示未知数。

板书：未知数。

师：（出示：张校长今年 $10+x$ 岁）这里的"$10+x$"表示了几层意思？

师：含有字母的式子，不仅可以表示未知的数量，还可以表示数量之间的关系。

板书：数量关系。

师：想一想，如果 $x=40$，张校长今年多少岁？$x=48$ 呢？

师：这里的 x 可以表示任意自然数吗？为什么？

师：你说得对，有时候字母表示的数也会限制在一定范围内。

【设计意图：猜年龄活动中，拉近了学生与老师的距离，调动了学生的学习积极性，同时使学生明白字母表示数存在一定的限制条件。】

二、引发探究，加深理解

1. 任务一：写出正方形的周长公式

师：（出示一个正方形）猜一猜，这个正方形的边长可能是多少？

师：猜不准，我们可以用字母 a 表示正方形的边长。想一想，这里的 a 可以表示哪些数？

师：没错，a 可以表示整数、小数、分数，字母可以表示的数的范围又扩大了。

师：如果正方形的边长用 a 表示，周长用 C 表示，你能用字母表示正方形的周长公式吗？

师：有同学曾提出疑问，$C=4a$，那正方形的周长究竟是多少？你们能回答这个问题吗？

师：的确，$C=4a$ 没有告诉我们一个正方形的周长的具体数值，但只要给出边长 a 的值，就可以由 $C=4a$ 算出正方形的周长。所以，$C=4a$ 表示任意一个正方形的周长，同学们以后可慢慢领悟。

【设计意图：通过探究正方形的周长对用字母表示数有更好的认识，学会运用符号来表示正方形的周长公式。】

2. 任务二：写出长方形的面积公式

师：（出示一个长方形）如果长方形的长和宽分别用字母 a、b 表示，面积用 S 表示，你能用字母表示长方形的面积公式吗？

师：以上正方形的周长和长方形的面积计算公式都是用什么来表示的？用字母来表示图形的计算公式有什么好处？

板书正方形的周长和长方形的面积计算公式。

【设计意图：让学生进一步体会用字母表示数的意义，学会类比周长的公式来表达面积公式，形成一定的符号感。】

3. 任务三：了解乘号的写法与使用

师：用字母表示图形的计算公式时，还有更简洁的方式。（出示图 2-9）自学

"你知道吗",说说你了解了哪些关于用字母表示数的知识。

> $a×4$ 或 $4×a$ 可以写成 $4·a$。英国数学家奥特雷德首次用符号"×"表示两数相乘。德国数学家莱布尼茨提出以居中圆点"·"表示两数相乘,称为点乘号。这两种符号都表示乘号。直到今天,"×"和"·"这两个乘号同时被使用着。
>
> 下面两种情况下还可以把乘号省略:数与字母相乘,可省略乘号,数要写在字母的前面,例如,$m×5$ 或 $5×m$ 可以写成 $5m$。不同的字母相乘,直接省略乘号,例如:$x×y$ 可以写成 xy。

图 2-9

师:根据"你知道吗",用最简洁的方式表示出正方形的周长和长方形的面积的计算公式。

板书:$C=4a$,$S=ab$。

出示练习:省略乘号,用最简洁的方式写出各式:$4×b=$ _____,$x×5=$ _____,$a×c=$ _____,$1×m=$ _____。

【设计意图:用字母表示数需要规范对符号的使用与表示,更好地培养学生的符号意识。】

4. **任务四**:学习平方表示法

师:如果用字母 a 表示正方形边长,用 S 表示正方形面积,你能用字母表示它的面积公式吗?

师:(出示:$S=a×a$,$S=a·a$,$S=aa$)同学们的想法真多,这几种表示方式中有最简洁的吗?

师:(出示:$S=a×a=a^2$)a^2 表示什么意思?

出示练一练:$2^2=$ _____,$10^2=$ _____,$4^2=$ _____,$4×2=$ _____。

师:想一想,4^2 和 $4×2$ 有什么不同?"$4×2$"为什么没有省略乘号?

【设计意图:通过具体素材把符号的表示之间的联系与区别放到具体情境进行分析,让学生对符号的认识有新的突破。】

三、巩固提升,体会作用

1. **任务一**:根据数量关系填表

师:(出示表 2-1)这里总价是根据什么数量关系求出来的?假设一本笔记本的单价是 a 元,你会填写表 2-1 吗?

表 2-1

数量/本	4	7	10	16	25
总价/元	$4a$				

师:想一想,数量关系中哪种量变了?哪种量没有变?单价没有变为什么用字母来表示?

2. **任务二**:概括儿歌

师:(出示图 2-10)先数一数,说一说,再想办法用一句话将儿歌概括出来。

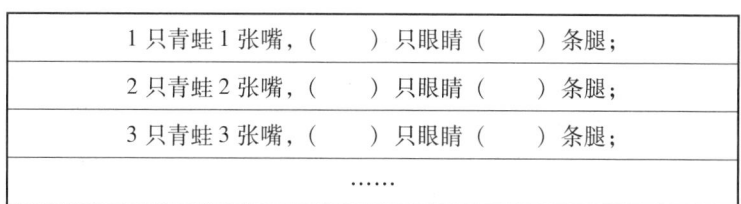

图 2-10

师：（出示：①a 只青蛙 a 张嘴，a 只眼睛 a 条腿；②a 只青蛙 a 张嘴，b 只眼睛 c 条腿；③a 只青蛙 a 张嘴，$2a$ 只眼睛 $4a$ 条腿）哪种表示方式是正确的？你愿意用哪种方式来概括？为什么？

师：这种方式简洁在哪里？为什么能用一个字母就表示出来？

师：只有找准数量之间的关系，才能用最简洁的字母式子表示出来，这在今后的学习中还将进一步帮助我们解决更多的数学问题。

【设计意图：通过练习总结来加深学生对用字母表示数的理解，提高学生灵活运用所学知识解决问题的能力。】

四、拓展升华，深化概念

师：通过本节课的学习，你对用字母表示数有了哪些认识？是否有了一定的符号意识？用字母表示数在生活中有着广泛的应用，希望大家能够认真学习，更好地去发掘其中的知识与乐趣。

五、回顾小结

师：今天我们学习了用字母表示数，你有什么体会？

【教学反思】

初学用字母表示数时，最核心的是要培养学生用字母表示数的符号意识，初步体会代数思维，为以后学习代数式与方程做准备。本节课的设计，主要通过三个不同层次的任务驱动学生主动参与学习。

1. 以任务促发思考，催生需要

用字母表示数不只是一个知识点或一项技能，还是一种重要的思想方法，是一次认识上的飞跃，对学生的抽象思维发展和继续学习有很大影响。在第一部分情境创设中安排了三个尝试性的任务，让学生经历了概括数和数量关系的过程，产生用字母表示数和数量关系的需求。"情境一"让学生利用生活经验对数青蛙儿歌进行概括，在比较中体验到用字母概括的简洁性；"情境二"以摆小棒、围图形为素材，主要让学生思考什么样的数才用字母表示；"情境三"借助张校长和李明的岁数关系，让学生体会含有字母的式子，不仅可以表示未知和变化的数量，还能表示数量之间的关系。学生经历了"具体—概括"的过程，对用字母表示数的意义和作用体会得更深了。这样的设计不仅是为了激发学生的学习兴趣，更是为了让学生感知数学内容，理解数量关系。

2. 以任务引发探究，克服难点

用字母表示数的难点，是学生不理解字母所代表的数的任意性、概括性，这是算术思维向代数思维过渡的一大障碍。设计时充分考虑到这一思维难关，在第二部分"任务一"的最后，教师抛出"正方形的周长究竟是多少？"这一问题，引发学生思考、感悟。虽然学生不可能在初学用字母表示数时就能彻底解决这一问题，但教师的引导、点拨可以驱散学生心中的一些疑团，启发他们在日后学习中逐步体会、领悟代数思维的奥妙、精髓。

3. 以任务激发冲突，体会作用

初学用字母表示数，一定要让学生体会并初步运用其中蕴含的数学思想。教学设计中安排了多种任务，让学生体会用字母表示数的作用。如，第三部分"任务二"概括稍复杂的数青蛙儿歌，学生都能想到用含有字母的式子来概括，但不容易做到正确和简洁，常见的就是"a 只青蛙 a 张嘴，a 只眼睛 a 条腿"和"a 只青蛙 a 张嘴，b 只眼睛 c 条腿"，在认知冲突中让学生体会到既要正确，又要简洁，就要找准数量关系，即眼睛只数是青蛙只数的 2 倍，腿的条数是青蛙只数的 4 倍的关系。这不仅培养了学生的符号意识，更为学生今后学习列方程解决问题做了铺垫。

小结

中小学生的数学符号意识要从小开始培养，数学符号意识的培养不是一蹴而就的。新课改数学核心素养的要求，应结合中小学生的数学认知发展水平，将学生的抽象思维能力和空间逻辑能力等，一并融入日常的教学过程中，深入具体课堂中，不断地实验与反思，不断地借鉴与调整，不断地摸索与强化，提高与发展符号意识，从而促进学生数学素养的培养。

3 核心素养下中小学生空间观念的培养

空间观念是中小学数学核心素养的培养内容之一。培养中小学生的空间观念能够提高学生的数学直观想象能力、抽象逻辑推理能力，帮助学生更加准确地观察事物，增进对数学知识的理解，提高解决数学几何问题的能力，同时，为学生的创新精神、社会参与、审美情趣和人文情怀等诸多方面搭建一个新的平台。

本章旨在给予教师一定的教学理论指导，帮助教师更加灵活地运用教学方法与技巧，使学生逐步积累数学表象，感受并掌握数学的思想方法，初步发展空间观念，更好地认识和了解日常生活中的数学空间现象。此外，教师不仅要关注学生知识技能的培养，更要注重教学目标中各方面的整体实现。

3.1 "空间观念"核心素养的内涵

空间观念主要是指根据物体特征抽象出几何图形，根据几何图形想象出所描述的实际物体；想象出物体的方位和相互之间的位置关系；描述图形的运动和变化；依据语言的描述画出图形等。[①] 空间观念是培养学生创新精神与实践能力的重要前提和基础之一，对于中小学生进一步认识新事物、探索新知识、改造客观世界尤为重要。

1. 小学生空间观念的特点

（1）从感知强成分到感知弱成分。

由心理学知识可知，人的知觉具有选择性。研究发现，图形所包含的各种几何要素，如点、线、面或者边、角等，对小学生的知觉刺激强度具有相对性、差异性。一般来说，图形的整体形状、整体大小是强成分，而图形的局部细节是弱成分。小学生观察图形是从整体逐步过渡到部分的。

（2）从认识单一要素到认识要素间关系。

研究表明，低学段小学生认识图形只注意到单一要素，忽视了要素之间的关系，而高学段小学生则渐渐提高观察能力，认识到各要素之间的相互联系，并学会尝试用语言表述。

（3）从使用日常用语到使用几何语言。

掌握几何语言是形成、发展空间观念必不可少的前提条件。小学生在开始认识图

---

① 中华人民共和国教育部. 义务教育数学课程标准（2011年版）[M]. 北京：北京师范大学出版社，2012：2-86.

形时，能够利用原有的知识经验来描述看到的图形，比如把正方形叫"方块"，把三角形叫"三角"等。在教师的引导下，逐步理解新概念，发挥同化与顺应的认识作用，进一步矫正日常用语，学会使用几何语言描述几何图形及其特征。

(4) 从形成二维空间观念到形成三维空间观念。

小学生先通过关注二维空间观念，再关注三维空间观念，逐步掌握二者之间的内在联系及其相互转化的可能性。如由平面图形到立体图形的转化。

2. 中学生空间观念的特点

(1) 从具体形象思维过渡到抽象逻辑思维。

中学生不再像小学生一样，需要依靠具体实物来帮助理解新知识，他们已经能够在头脑中自主构建空间体系，空间观念已经逐步形成。

(2) 头脑中的空间表象储备更加丰富。

通过小学阶段的学习，学生获得了诸多图形、图形之间的关系、相关空间概念的知识，并且掌握了多项认识图形、图形组合的操作技能，空间表象储备得到了扩充。同时，他们也学会了提取日常生活中的图形表象，能够联系实际来理解空间概念。

(3) 从简单的图形观察与操作到复杂的图形探究与推理论证。

在培养空间观念的数学课堂中，中学生不再进行简单的观察与操作来认识图形、理解概念，而是通过具体的探究活动、更加复杂的推理和论证来认识相关定理。中学生已逐渐学会用规范的数学语言来论证某一结论，并且还可以通过作图等方法来配合论证。

中小学生空间观念的培养，即以学校的专任教师为主体，遵循中小学生目前已有的空间观念水平和能力，运用良好的教育教学艺术，设计相应的教学方案，来帮助中小学生建立良好的空间观念。

3.2 "空间观念"核心素养的研究现状

国内外对空间能力已进行了大量的研究，早在20世纪30年代，一些心理学家就指出空间能力不同于一般的形象思维和抽象思维的能力，应该把它作为一个独立的心理特征进行分析。[1]

空间观念的内涵、空间观念的教育价值以及空间观念的培养策略，是目前我国中小学生数学空间观念培养研究的三个主要方面。虽然我国的学者已有了一定的研究成果，但仍存在一些待研究的问题，如空间观念内涵的不明确、空间观念培养的研究成果以小学生为研究对象居多、空间观念和空间想象力之间关系的界定不明确等。与此相比，对初中生空间观念培养的研究匮乏，开展实证性的定性研究居多，量化研究匮乏。

---

[1] 潘送领，田田. 中小学生空间观念的培养研究 [J]. 企业导报，2014 (12)：194-195.

国外对中小学生数学空间观念培养的研究，已经逐步从哲学思想的研究领域过渡到教育教学课程研究领域，并渗透到国外中小学课程标准的改革中。从根本上说，国外对空间观念的研究探讨的整个思想是对西方近代观念的反思性延续，其研究主要以学生的空间思维水平发展特点、培养步骤与策略研究为主。另外，国外关于空间观念发展的几个重要理论为数学教育研究做出了重要贡献，如皮亚杰和英海尔德关于儿童的空间概念、SOLO 分类法等理论。

3.3 "空间观念"核心素养的培养策略

3.3.1 重视直观教学

感知是人类思维活动的前提与基础。人类空间观念的建立通常是由多种感官协作配合的结果。学生在了解空间几何知识时，一般先从感知具体生活实例出发，获得清晰、深刻的表象，再逐步抽象出几何概念。因此，在教学中，教师应结合具体的教学内容，利用形式多样的直观手段与教学活动，引导学生开展多种形式的感知活动，丰富学生的感性认识，或者做示范性实验，以此来发展学生的观察力和形象思维，使学生能够在教师的有效指导下更加充分地感知、了解并掌握几何知识。

由于多媒体教学具有色彩丰富，化静为动，化虚为实，化繁为简，化抽象为直观，不受时间、客观和微观的限制等特点，能大大增强教学效果。[①] 因此教师在呈现直观教具时，不仅要在使用传统教具的同时大胆创新，加入新兴的多媒体技术或者人工智能教育教学技术，使学生获得生动形象地感知几何知识的机会，提供给学生在新时代下运用新手段学习新知识的平台，还要合理考虑使用直观教具的时间、地点与数量，做到因地制宜、因时制宜、因生制宜。

3.3.2 提高语言能力

罗杰斯曾说，有利于创设活动的一般条件是心理的安全和心理的自由。因此，教师在课堂中，要致力于营造一种轻松、愉悦、和谐的氛围，充分鼓励学生大胆表达自己观察图形的结果，引导学生表述有关定理的推导过程与证明过程。教师要认真倾听学生的表述过程，并通过及时、有针对性的反馈，使学生认识到表述几何体特征或空间模型时的缺漏，引导学生重新表述，弥补缺漏，提高数学语言表达能力，进一步拓宽几何思维的宽度，提升几何思维的高度，挖掘几何思维的深度。

当学生能够流畅、完整地表达几何思维的过程，或者提出创新性的想法时，教师应该用具体的、形象的语言及时予以表扬，激发学生学习数学空间知识与观念培养的兴趣。

---

① 王开明. 数学教学中学生空间观念的培养 [J]. 甘肃教育，2017 (26)：46.

3.3.3 注重动手探究

几何知识不同于代数知识,具有较强的操作性。因此,在正方体、长方体、圆柱体等一些几何知识的学习中,动手操作是让学生了解几何空间知识的方式之一。① 要有效培养学生的空间意识,教师应着眼于学生动手操作能力的培养,组织管理好课堂,引领学生在宽松的学习氛围中积极动手,勇敢尝试,在做中学,使抽象的数学知识形象化,深化对知识的理解与掌握。这就要求教师在教学过程中激发学生的学习兴趣,点燃学生动手操作的学习热情,引领学生在主动参与数学活动的过程中提升解决实际问题的能力。同时,当学生在动手操作的过程中遇到难以解决的问题时,教师不应立刻伸出援手,而应该给予一些适当的意见与建议,引导学生自己解决问题。当学生成功解决问题时,教师应及时给予鼓励,帮助学生树立解决问题的信心,提升解决问题的能力。

比如在"位置与顺序"一课中,可以先通过让学生说出周围同学的具体位置,让学生初步认识上下、前后、左右的位置关系,建立初步的空间表象。又如在"认识物体"一课中,在学生掌握一定的几何体的特征后,教师可以引导学生发挥想象力和创造力,动手拼搭出自己喜欢的几何体,让学生在其中感受复杂几何体与简单几何体之间的关系。

教学应结合实际,通过创设内容丰富、形式多样的操作活动,让学生利用多种感觉器官参与数学的有趣探索中。在这个过程中,学生能更快地在大脑中构造鲜明的几何体表象,体会几何体的特征。同时,教师还可以设计诸如搭建、折叠与剪拼等活动,引导学生动手又动脑,并用具体的语言表达出操作过程,使具体事物的形象能够全面映射在头脑中,建立初步的空间观念。

3.3.4 激发学习兴趣

教师在教学中,要认识到学习兴趣对于提高学习效率的重要性,应该采用丰富多样的教学技巧,充分展现数学的魅力。教师能够引导学生对所发生的新异事物感到惊奇,引发疑问,提出感兴趣的疑难问题,发挥学生学习的主观能动性,有助于学生自主学习能力的提高,帮助学生更好地提升空间几何观念。比如,在"圆的认识"一课中,教师可提问学生,车轮为什么是圆形,而不是正方形,激发学生的好奇心与兴趣。与此同时,教师因势利导,创设数学活动,让学生通过画图、折纸、比较等方法,认识到车轮的轴长是圆心到圆上任意一点的距离,也即半径相等,这样,车轮才能平稳地行走。通过设疑诱导、课堂激趣等教学手法,不仅能满足学生的心理需求,还能丰富学生的空间知识。

同时,教师还要根据学校办学特色、学生的个性化学习需要等,尝试开发校本课程,在课程中专门培养学生的空间观念。或者在班级里组建兴趣小组,引导学生提出感兴趣

---

① 马传侠. 几何教学中学生空间观念的培养 [J]. 小学教学参考(数学版),2016(73):73.

的空间疑难问题，以此作为研究课题，教给学生收集信息、分析处理信息的方法，并激励学生通过各种方式去探索，得出结论，并尝试用数学语言将证明过程表述出来。

案例1 "面积和面积单位"是在学生学习了长方形、正方形及掌握它们的周长计算公式的基础上进行授课的。它是学生认识面积与面积单位的基础课，能够为学生以后学习其他一些平面几何图形的面积、表面积等新知识打下扎实基础，起到承上启下的作用。

【教学目标】

(1) 知识与技能目标：了解面积的意义；对于常用的面积单位能准确辨认；能够运用观察法、叠放法、数面积或者其他的估测方法比较图形间面积的大小。

(2) 过程与方法目标：通过动手操作活动，直观感知面积的意义，在数学活动中体会常用面积单位的大小，在长度单位与面积单位的比较中深化学生对面积单位的认识。

(3) 情感态度与价值观目标：培养学生对于数学图形大小的学习兴趣，培养良好的观察与操作的学习习惯，促进学生空间观念的培养。

【教学过程设计】

(1) 导入新知。

教师提问：请同学们摸一摸数学书的封面，再摸一摸凳子的面，觉得这两个面哪个大呢？

教师鼓励学生通过动手操作，初步感知物体的表面是有大小之分的，从而引出物体表面的大小就是它们的面积这个定义。再让学生摸一摸桌子与课本书皮的边，对比一下和刚才操作的直观感觉有何不同。学生在比较边与面中，建立初步的空间表象，学会辨认图形的点、线、面，为后续学习提供初步的空间想象。

师生通过讨论进一步理解面积的意义。

教师：数学书封面的大小就是数学书封面的面积，同理，课桌面的大小就是什么？手掌面的面积和黑板面的面积哪个大呢？

教师引导学生用自己的语言进行回答，教师做出反馈，进行归纳并完善面积概念。在其中提高学生的语言表达能力，激活学生的数学思维，为面积这一空间表象的学习打下坚实基础。

(2) 注重言语表述，建立空间表象。

教师：现在我们尝试不看，只通过摸来比较面积的大小，谁想尝试一下？

通过活动，学生由观察过渡到直接操作，在触觉上感知并对比面积的大小，进一步理解面积的含义。学生还能获得初步估测物体表面积大小的能力，为之后的学习做好铺垫。如此一来，教师就能将课堂自然过渡到认识"统一的面积单位"中来。

此后，教师组织学生先观察区分两个表面积相差较大的物体，再出示两个不容易比较面积大小的图形，分别是一个边长为3厘米的正方形和一个长为5厘米、宽为2厘米的长方形。和学生一起经历摸的过程，感受物体的大小。在摸一摸和用眼睛观察的方法被淘汰后，与学生一起使用剪拼、比较的方法。这样，学生开始懂得要有统一的面积单位,由此引出面积的统一单位:平方厘米、平方分米、平方米。

(3) 动手操作,形成空间表象。

在教学中,教师要遵循中小学生的认知规律开展数学教学活动,调动学生动手操作体验的积极性,并充分利用学生的好奇心,从学生熟悉的情境出发,给学生提供观察和操作及小组合作的机会,帮助学生在实践中发现真理,使其真正掌握知识。

在教学认识1平方厘米这个面积单位时,教学难点是学生建立面积单位的表象。为了解决这个教学难点,笔者设计了"三画"的环节来突破。学生学习认识了1平方厘米后,随即将1厘米和1平方厘米进行对比,让学生体会两者的区别,随后开展画1平方厘米的活动:

①"一画":根据自己对1平方厘米的初步认识,试着自己画一个1平方厘米的正方形。在学生画完后,让学生拿着画好的图形和标准的1平方厘米小正方形对比,看谁画得最接近1平方厘米。

②"二画":在第一次对比观察后,不看第一次画的1平方厘米的小正方形,在另外一张纸上再画一个1平方厘米的图形。再次与标准的1平方厘米对比,使学生建立1平方厘米的表象,真正感悟理解1平方厘米的大小。

③"三画":在两次画1平方厘米的基础上,学生初步建立了1平方厘米的概念。并且通过前两次的画,使得一开始对于1平方厘米的大小掌握不牢固的学生有了纠正、修改的过程,从而慢慢建立起正确的1平方厘米的表象,对学生初学面积单位的理解起到了较好的引导作用。在此基础上进行第三次画1平方厘米活动,这样基本上所有的学生画的1平方厘米都能和准确的1平方厘米相差无几,体验到了学习的成功和快乐。

(4) 联系已学知识,认识其他面积。

在掌握了1平方厘米的基础上,用旧知牵引新知,加深对新知的理解。通过将1平方分米与1平方厘米进行对比的方法来理解1平方分米的大小。教师让4个学生伸开双臂围成一个大约1平方米的正方形,让学生通过直观手段来体验1平方米的大小。最后还将1平方米的布和1平方分米、1平方厘米的正方形面积单位教具全部重叠起来,让学生在比较中获得面积单位大小的构建。

(5) 总结与布置作业。

总结:通过教师提问,学生回答的方式进行知识总结,提高学生对于空间观念的理解和语言概括能力。通过布置综合性强、开放性高的题目使学生进一步认识面积的概念、三个常用面积单位的大小。

作业:①根据需要测量的对象,选择合适的面积单位,进行面积单位大小的对比与运用。②根据测量的数据选择合适的面积单位,建立明确的面积大小表象。③根据正确答案进行修正,并记录数学日记。

案例2 "三视图"的主要内容是描述简单立体图形的视图,介绍画三视图的规则和基本画法,主要培养学生的空间观念与空间想象能力。学生在学习本章知识之前,对基本的图形及相关空间观念已有所掌握。

【教学目标】

(1) 知识与技能目标：能够借助投影、具体的几何体理解视图的概念，正确画出简单几何体的三视图。

(2) 过程与方法目标：借助多媒体设备与具体几何体实例，充分利用实物直观、模型直观与言语直观，让学生在观察与思考的过程中，认识到观察的方向不同，结果也会不同。并通过投影与数学探究活动，使学生认识到物体的三视图与正投影的相互关系及三视图中具体的位置关系、大小关系。

(3) 情感态度与价值观目标：培养学生良好的思维、创新精神与团结协作的精神，树立良好的空间观念与自我超越的意识。

【教学过程设计】

(1) 导入新知。联系学生熟知的生活实例，用特定的实物让坐在教室不同角落的学生观察，并鼓励学生画出观察到的图形，用投影仪投出学生的画图作品，并提问学生：为什么观察的是同一物体，却有不同的结果？引发学生思考，激发学生的求知欲。通过师生讨论，使学生了解不同视图观察物体的差异，初步了解视图的概念。

(2) 新知探究。利用多媒体教学设备，引导全班学生通过观察长方体在三个投影面的正投影，用自己的语言说出水平、直立、侧立投影面的概念，通过教师反馈与师生讨论交流，引导学生自己说出正视图、左视图、俯视图和三视图的概念以及三种视图的位置关系。

教师引导学生进行动手测量，提问：三种视图的各边长之间有哪些关系？通过合作探究，使学生自主发现各边长的独特关系，并引导学生表达出来。由学生代表说出三视图"正俯一样长，俯左一样宽，正左一样高"的基本特征（长对正、宽相等、高平齐），少许理解该知识点有困难的同学由教师单独指导。

(3) 例题分析。教师给出一个三棱柱的模型，旋转展示不同的方位给学生看，并固定好，由学生自主尝试画出三视图，本环节采用小组合作的方式进行。当学生讨论结束后，教师请小组代表展示讨论成果。最后，教师进行修正，反馈给学生三视图的正确画法以及需要注意的几条规则。具体规则：①先确定正视图位置，画出三棱柱的正视图；②在正视图下方画出俯视图，注意与正视图"长对正"；③在正视图正右方画出左视图，注意与正视图"高平齐"、与俯视图"宽相等"。如图3-1所示。

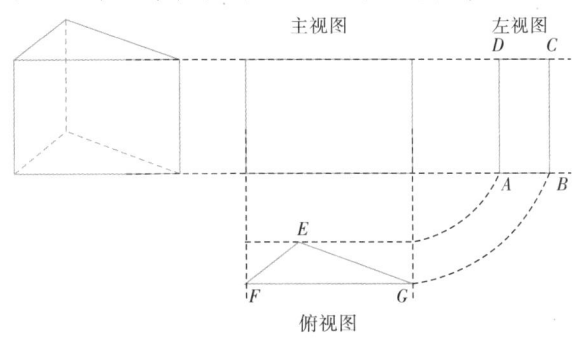

图3-1 三棱柱图

(4) 小试牛刀。画出图所示的几何体的三视图，分别展示长方体、圆柱体、球等基本几何体，让学生动手画图，之后教师反馈，使学生掌握三视图的正确画法。

(5) 小结与布置作业。总结：通过教师提问、学生回答的方式进行知识总结，提高学生对三视图的理解和语言概括能力。通过布置综合性强、开放性高的题目使学生进一步掌握三视图的基本画法和注意事项。

作业：①同桌之间互相出三个基本几何体，画出三视图，并互相批改。②教师给出几个由一平方厘米的小正方形组成的几何体，给出相应的三视图，让学生判断几何体的个数。③写数学日记，总结今天的学习重难点和画三视图的步骤与注意事项。

3.4 "空间观念"核心素养培养教学设计案例

【教学内容】"认识垂直"[1]，选自人教版《数学》四年级上册第57~58页"平行四边形和梯形"的第1课时"平行与垂直"中的"认识垂直"。

【教学目标】

1. **知识与技能**

通过动手操作感受平面上两条直线互相垂直的关系，理解垂线、垂足的概念。

2. **过程与方法**

通过自主操作和合作交流，学会用合适的方法画一组垂线，能借助直尺、三角板等工具画垂线。

3. **情感态度与价值观**

通过感知、操作、观察、应用等活动培养学习空间与图形知识的兴趣，发展空间观念。

【教具准备】课件、方格纸、正方形彩纸、三角板、直尺、量角器、铅笔。

【课前思考】

垂直是空间与图形领域的内容，是学习几何图形特征的基础。学生对垂直的深度理解一直是教学难点。通过分析学生的易错题，发现学生画的垂线与已知直线夹角不是90度的原因不是学生的动手能力不好，而是没有完全理解相交与垂直的概念。于是本课根据学生已有的知识经验和认知规律，运用数形结合的思想从"量"的角度改变原有教学设计：先简单揭示相交与垂直的概念，然后教画垂线的方法，学生尝试画垂线……

【教学过程】

一、创设情境，温故知新

师：上节课我们已经学习了有关平行的知识，今天就来研究两条直线相交的情况。

---

[1] 马伦."认识垂直"教学设计 [J]. 小学教学参考，2020 (35)：73-74.

(出示图3-2、图3-3)

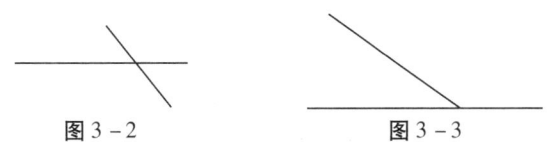

图3-2　　　　　　　图3-3

师：哪一组直线是相交的？

生1：图3-2的两条直线相交的，因为它们有交点。

生2：图3-3的两条直线也是相交的，因为直线是无限延伸的，所以它们肯定是相交的。

师：不错，图3-2和图3-3都是相交的。

(出示图3-4)

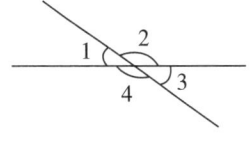

图3-4

师：如图3-4所示，两条直线相交组成了几个角？哪些角是相等的？

生3：角1和角3是相等的，角2和角4是相等的，因为它们是对顶角。

师：角1加角2等于多少度呢？角3加角4等于多少度呢？

生4：都等于180度，因为它们拼成了1个平角。

师：当两条直线相交，在什么情况下时角1＝角2＝角3＝角4呢？

生5：90度时，因为角1＋角2＋角3＋角4拼成了1个周角。

师：你能试着用准备好的材料把相交的这种特殊情况表示出来吗？

【设计意图：从角的维度研究相交不仅符合知识的建构规律，也符合学生已有的认知基础。学生通过对"角的度量"单元的学习已经有相交的知识经验。垂直是相交的特殊情况，两条直线相交就会形成4个夹角，提出"四个角中哪些是相等"的问题，能调动学生利用已有经验解决问题的学习积极性，为接下来研究两条直线相互垂直做好铺垫。】

二、动手操作，获取新知

师：请利用准备好的材料和工具进行小组合作探究，表示相交这种特殊情况。

(出示：方格纸、三角板、量角器、铅笔、正方形彩纸、直尺)

折：汇报不同的折法，重点强调为什么折痕相交成90度。

画：用三角板、量角器、直尺上的刻度、方格纸上的线画出垂线。

摆：用铅笔摆一摆，重点强调摆的时候要注意什么。

师：用什么方法能够验证表示的垂直对不对？

生1：用三角尺的直角来比对。

师(出示概念)：当两条直线相交成直角时，我们就说这两条直线互相垂直，其中一条直线是另一条直线的垂线。

师：如果一条直线称作是 a，另一条直线称作是 b，我们可以怎么说？

生2：直线 a 与直线 b 互相垂直，直线 a 是直线 b 的垂线，直线 b 也是直线 a 的垂线。

师（用手遮去其中一条直线）：这是垂线吗？（强调互相垂直）互相是什么意思？

师：两条直线相交成直角还有一个交点，我们称它为垂足。

师：现在你理解什么是互相垂直了吗？它与相交是什么关系？

（学生回答略）

师：找一找，生活中互相垂直的例子比比皆是，看看能找到多少个互相垂直的例子，记得说清楚谁与谁互相垂直。

【设计意图：经历概念形成的过程有利于促进学生对概念的整体理解，理解垂直的本质。本设计紧紧围绕一个核心问题（什么时候四个角都是直角），通过动手操作，先建构垂直的表象，然后归纳得出垂直的概念。这样既启发了学生深刻认知垂直的概念，也发展了学生的动手操作能力和空间观念。】

三、深入探究，作垂线图

师：这里有一条直线，要过一点画这条已知直线的垂线，先想一想点可以在哪里？你可以自己选择把点画在直线上还是直线外。如果有困难可以看看书。

（点一名学生在黑板上演示，全体师生共同讨论画法）

师：点画在直线上还有直线外时，画法有什么相同之处呢？都是借助什么工具？

师：第一步都是用三角板的一条直角边与已知直线重合，另一条直角边与点重合，最后沿着这条直角边过点画一条直线，标上直角符号表示两条直线互相垂直。这条直线就是已知直线过点的垂线。

师：还有什么不同的画法？怎样检验画的是否正确？

（用直角板检验，同桌互相检查）

师：用学会的画法做另外三题。

师：做完这三题，有什么要提醒大家的？（直线不是水平方向的，三角尺要随着直线移动）

师：无论用什么方法，我们画的垂线都要与已知直线相交成直角。

【设计意图：经过一点画已知直线的垂线，是学生理解了两条直线相互垂直概念后的运用，也是本节课的教学难点。通过设计练习，运用数形结合的数学思想，让学生在练习中经历了自主尝试—交流—检验—总结的过程，降低学习难度，利于学生寻找线索。】

四、现实应用，体会价值

（介绍鲁班发明角尺及角尺的现实运用）

师：垂直在日常生活中有着广泛的应用，希望你有一双充满灵性的眼睛去发现数学中的生活和生活中的数学。

五、课堂小结，反思评价

教师利用课件展示以下几个问题：

①这节课你有什么收获？
②你要提醒大家注意什么？
（让学生以小组为单位，每位学生充分发言，交流学习所得）

【教学反思】

几何概念是研究一切空间与图形的基础。小学生的认知水平基本处于"具体运算阶段"，认识几何图形主要是通过动手操作，进而积累这些图形的经验，获得感知。基于本节课的教学实践，我对几何概念教学策略有下面三个方面的认识。

1. **创设情境，要基于学生的已有知识经验**

好的问题情境是一种能激起学生情感体验的心理场，是学习数学的"引爆器"，它能激发学生在思考、探索中完成数学知识的学习。以学生的已有知识经验创设情境，不仅能充分调动学生的积极性，还能为学生学习新知识做好铺垫。学生在学习"角的度量"之前对相交是有认知基础的，创设一个判断相交的情境，就充分沟通了新旧知识之间的联系，激起学生情感体验的心理场，凸显学生的学习主体性。

2. **概念认知，要让学生经历概念的形成过程**

概念的形成过程指概念引入的必要性及对感性材料的认识、分析、抽象和概括。经历概念形成的过程有利于促进学生对概念的整体理解。本节课先引导学生猜想四个夹角是90度的两条直线的位置和形状，再通过折、画、摆等活动帮助学生建立垂直的表象，最后揭示垂直的概念。如果采取机械重复、死记硬背概念的教学方法，不让学生经历概念的形成过程，学生就很难从多个维度获得对概念个性化的认知。

3. **突破难点，恰当运用数形结合思想**

一节好课必须要在突破难点上下功夫，才能起到"牵一发而动全身"的效果。本节课的教学难点就是画垂线，很多学生画的两条直线相交的夹角不是90度。于是，在形成概念前先让学生猜想两条直线相交，什么时候4个夹角才相等，并运用准备好的学具动手操作，教师再揭示垂直的概念。在学生自主画垂线阶段，注重检验：从角的维度分析是不是垂直的。这样，学生自然就知道：如果夹角不是90度，那么这两条直线就不互相垂直。通过数据之间的关系来认识图形的形，其实就是运用了数形结合的数学思想。

认识垂直是空间与图形领域的内容，是学习几何图形特征的基础。根据学科特点和学生的认知规律，运用数形结合的思想、经历概念形成过程、从角的维度来进行教学，有利于加深学生对垂直概念的理解，发展学生的空间观念。

小结

在小学阶段，小学生的空间观念还处于初步发展阶段，其空间能力的培养仍然与直接及感性经验相联系，具有很大的具体形象性①。根据教学的阶段性，教师应遵循小学生空间观念与思维的发展水平，采用直观教学，让学生学会联系现实生活中的具体物体，来形成对基本几何图形的初步认识。在引发学生观察兴趣的同时，培养学生良好的观察力和观察习惯，让学生学会有序地观察事物，提高观察事物的能力，从而引导学生联系生活实际来认识新知识，在课堂上更容易理解教师提供的数学实例。这样既能够提高学生的学习效率，又能够提高课堂效率。

  由于对小学生与中学生空间观念的培养要求不同，因此教师在教学过程中，应按照课程标准的要求，找到二者之间的差距，并仔细地研究学生的空间观念特点。研究的途径有很多，比如量化研究、定性研究等。②之后，教师要结合"最近发展区"，通过学法指导、多媒体课件辅助、人工智能等教学手段，为学生跨越新的台阶，登上更高一级的空间观念水平提供智慧的奠基石。通过循序渐进、结构紧凑又气氛轻松的教学，帮助学生更好地掌握教学内容。这样，便能帮助中小学生更好地了解、探索、把握空间，有助于他们更好地生存、活动和成长，在数学的知识海洋里探寻更多的空间知识奥秘，更兴趣盎然地开启数学的空间知识宝库。

---

① 周永春. 小学生空间观念的培养 [J]. 中国教师, 2016 (S2): 76.
② PIAGET J, SZEMLNSKA A. The child's conception of geometry [M]. London: Rontledge & Kegan Paul, 1960: 55-78.

4 核心素养下中小学生几何直观能力的培养

从空间想象到空间概念再到几何直观能力,虽然要求有所不同,但确实可以反映出"几何直观"在教学中的重要性。具体体现在以下两个方面:首先,几何和直观的训练可以提高学生的逻辑思维能力;其次,几何和直观的训练可以提高学生的几何直观能力。相应地,通过几何和直观的训练,可以简化许多复杂的问题,帮助中小学生更好地理解数学的本质,从而提高学生解决问题的能力。特别是在小学阶段,发展学生的几何直观能力尤为重要,有利于更好地连接中小学教学,培养学生良好的数学素养。

4.1 "几何直观"核心素养的内涵

几何直观能力是数学能力的重要组成部分,其最重要的内涵是直接感知能力。所谓直接感知能力就是通过具体的图形描述数学问题①,并通过想象,能在大脑中形成一种认识表现出来,最终有效地解决数学问题。几何直观能力包括空间想象、视觉洞察和图形语言思考的能力。通过使用几何和直观的函数,抽象的数学问题通常可以简化或成像。

4.2 "几何直观"核心素养的研究现状

近30年来,我国对几何直观的研究一直非常活跃。古算家刘徽研究数学的重要方法是"析理以辞,解体用图"。因此分解图形是古代几何的重要研究方法。著名数学家吴文俊在初等几何的机器证明研究中取得了突破性的进展。而几何定理证明的机械化寻求的是一般方法,对个别定理、某一类型定理甚至是所有定理都适用。数学家洪加威则提出了用特例来证明一般初等几何定理的方法。数学家常庚哲将 Neuberg – Pedoe 不等式带入我国,并由杨路和张景中推广到高维情形,使得几何不等式研究成为一个热门话题。

综观以上的所有研究,我们可以发现,人们对几何直观的认识和研究是逐步深入

---

① 李元莉. 论小学数学教学中几何直观能力的培养 [J]. 课程教育研究:学法教法研究,2018 (11):1.

和发展的。人们对几何直观的研究经历了从理论到实践的过程。然而，这些研究更侧重于初中或高中数学教学，尽管有许多关于如何培养中小学生几何直观能力的研究。但大多数都不全面，如何在课堂教学中有效地培养学生的几何直观能力，特别是在"用几何直观解决问题的意识"方面，还没有具体的方法和策略出现。但所有这些研究都解释了几何直观在数学教学中的重要性，也为我们学生几何直观能力培养的研究提供了丰富的理论和实践基础。

4.3 "几何直观"核心素养的培养策略

4.3.1 运用"三图结合"教学

1. 三种图形的意义[①]

标准图形是用一种固定位置图形来理解某个原理或解决某类型问题；变式图形是用一种图形直观表达某个对象时，多方面改变该图形位置，使对象非本质的属性时隐时现，本质属性保持不变的变化方式；复合图形是由若干个标准、变式或基本图形组合而成的图形。

2. 变式实验情况简介

教育心理学家桑代克利用代数做实验后提出了变式原则，格式塔心理学始祖韦特海默利用平面几何做实验提出了变式图形原则，后来，这些原则为编写代数、几何的专家们所采用。

教师一般满足于利用标准图形进行教学，但韦特海默却对此很反感。他曾经去某校听一位教师讲课，而这位教师总是使用标准图形，韦特海默就向学生提出了变式问题，发现学生总是按标准图形来做题而缺乏对变式图形的练习。所以，在应用标准图形讲解之后，还要用变式图形拓宽学生的知识领域。

3. 三种图形结合教学

三种图形结合教学是对变式教学原则的发展，是培养学生掌握基本图形法的第一条措施。因此，我们要三种图形结合起来教学。

利用标准图形教学，凭借图形的直观性，学生更容易理解原理叙述的内容，容易掌握定理的证明方式，标准图形是这五种图形的基本图形。

利用变式图形教学，学生可以理解透彻概念的本质属性，便于应用概念。从心理学角度来看，这是克服思维定式的消极因素的重要举措。[②]

利用复合图形教学，把新旧知识融为一体，加深理解概念之间的区别和联系，有

[①] 傅佑珊. 平面几何基本图形的方法与教学实践 [J]. 北京教育学院学报, 1997 (2): 71-74.
[②] 杨新伟. 对数学例题教学实践与思考 [J]. 教育现代化, 2005 (10): 2.

利于培养学生的创造性思维。

案例1 "再探正方形性质与判定"的教学设计。

(1) 基础热身。

如图4-1所示，在正方形 $ABCD$ 中，点 E、F 分别是边 AB、BC 上的中点，连接 DE 和 AF，请指出线段 AF 和 DE 的数量与位置关系，并说明理由。

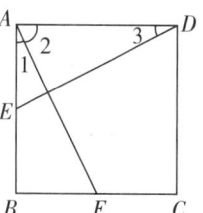

图4-1 标准图

教学预设：学生易证 $\triangle ABF \cong \triangle DAE$，可知 $AF=DE$，并通过 $\angle 1$、$\angle 2$、$\angle 3$ 的关系，可知 $AF \perp DE$。再利用正方形的边、角性质，通过全等三角形，得到线段的关系，同时提炼出本节课研究的两个重要"对象"：一个正方形与两条线段。并且在教学互动过程中使学生踊跃回答问题，为这节课开了好头。

变式：如图4-2所示，在正方形 $ABCD$ 中，点 E、F 分别在边 AB、BC 上，当点 E、F 不再是两边的中点时，如果还要有 $AF=DE$，$AF \perp DE$，你认为 E、F 至少要满足怎样的条件？

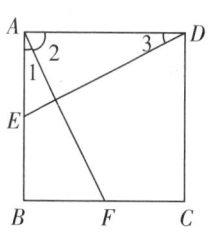

图4-2 变式图

教学预设：如果 $AF=DE$，再根据全等三角形可知 $AE=BF$，将中点条件一般化，使学生互换条件和问题，教学过程中还可安排学生进行小组讨论，组内写题交流确认后再全班进行交流并展示。

(2) 变式拓展。

如图4-3所示，在正方形 $ABCD$ 中，点 E、F、G 分别是边 AB、BC、AD 上的点，连接 GF、DE。小明提出一个命题：当 $GF \perp DE$ 时，求证 $GF=DE$。请同学们思考，这个命题是真命题还是假命题？并思考一下，将小明命题中的条件与结论进行互换，命题还成立吗？

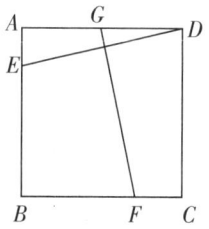

图4-3 变式图

教学预设：由于 $GF \perp DE$，根据"HL"可证得 $GF=DE$。但由 $GF=DE$，却不一定可以使得 $GF \perp DE$。因此，学生出错时，要注意引导纠错。由本质上说"位置确定就有确定的数量关系；但是数量关系确定却不一定对应着一种位置关系"，例如，"对顶角相等"和"相等的角是对顶角"。

变式再练：如图4-4所示，已知正方形 $ABCD$，点 E、F、G、H 分别是边 AB、BC、DC、AD 上的点，请你以 $GE \perp FH$ 与 $GE=FH$ 中的一个为条件，另一个为结论，编一个正确的问题，且给出证明。

教学预设：如果 $GE \perp FH$，可知 $GE=FH$；但 $GE=FH$，不能得知 $GE \perp FH$，图4-5便是一个反例。

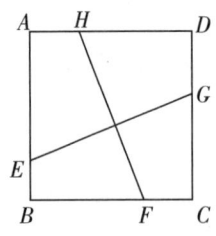 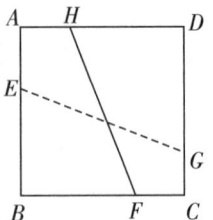

图 4-4 变式图　　　　图 4-5 反例图

拓展 1：如图 4-6 所示，正方形 ABCD 的各边长为 18，在 AD 上取点 G，在 BC 上取点 F，将正方形沿着 GF 折叠，使点 D 落在边 AB 上，得到点 E，已知 AE=6，求 DG 的长。

拓展 2：如图 4-7 所示，在拓展 1 中，DC 经折叠后与边 BC 交于点 H，随着点 G、F 在边 AD、BC 上移动，∠EDH 的大小会变化吗？

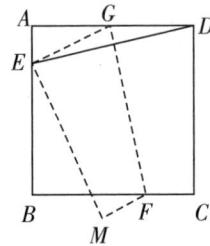 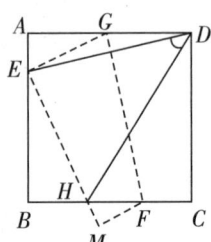

图 4-6 拓展 1 图　　　　图 4-7 拓展 2 图

教学预设：两道拓展题都以正方形折叠为基础，拓展 1 中假设未知数，找出直角三角形，通过勾股定理列方程。拓展 2 则添加垂线段，并形成两组全等三角形，然后求出角的大小。这两个问题注重知识的形成过程。

（3）拓展链接。

如图 4-8 所示，已知正方形 ABCD，点 E、F 分别是边 DC、CB 延长线上的点，请围绕线段 DF、AE 的数量和位置关系，编写题目并且给出证明。

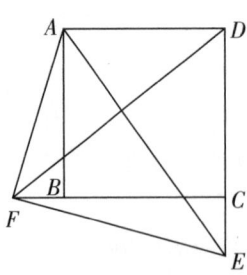 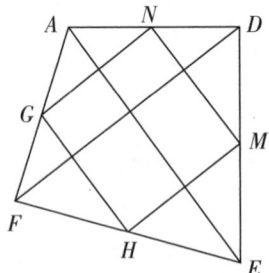

图 4-8 拓展图　　　　图 4-9 拓展图

拓展：如图 4-9 所示，四边形 ADEF 中，对角线 AE 与 DF 垂直且相等，点 G、H、M、N 分别是 AF、FE、DE、DA 的中点，请判断四边形 GHMN 的形状并给出证明。

教学预设：图 4-1、图 4-2 变式为图 4-3 后，再到中点四边形的研究，即中点四边形的形状只与两条对角线的数量及位置关系有关，与四边形的形状无关。

(4) 图形旋转。

如图 4-10 所示，在正方形 ABCD 中，对角线 AC、BD 交于点 O，点 E、F 分别是边 AD、DC 上的点，OE 垂直 OF，当正方形的边长为 1 时，求线段 EF 的最小值。

拓展：当 △OEF 绕点 O 旋转时，四边形 EFOD 的面积会产生变化吗？

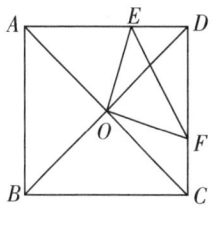

图 4-10

教学预设：根据正方形的性质，可得 △DOE ≅ △COF，容易证明 △OEF 是等腰直角三角形，所以 $EF = \sqrt{2}OE$。若要求得 EF 最小值，只需要求 EO 最小值。四边形 EFOD 的面积可以转化为 △DOC 的面积，因此面积不变。教学时要注意学生可否判断出 △OEF 是等腰直角三角形，能否正确使用"点到直线的线段中，垂线段最短"这个性质。

案例 2 "平行四边形的认识"教学设计。

(1) 激趣导入。

师：同学们来猜想一下，这个图形的名称是什么？（展示长方形的一部分）

生 1：正方形。

生 2：长方形。

教师缓慢露出图形的更多部分。

师：同学们，那么现在你们可以确定这个图形是什么吗？

生：长方形。

师：你们是如何确定它是一个长方形的呢？

生：因为长方形只是对边相等，正方形的四条边却都相等。

师：你们都好厉害哦！同学们是根据正方形与长方形的形状特征来确定的，那么在我们数学王国中还有其他图形，它们也有各自的特征吗？

生：有。

师：好，那我们看看这个图形，大家知道是什么图形吗？

生：是一个平行四边形。

师：那么我们现在就来认识一下平行四边形的特征。（板书：平行四边形的认识）

(2) 新知探索。

① 确定研究内容和研究方向。

师：同学们看到这个课题，想了解平行四边形的哪些问题呢？

生 1：平行四边形的特征是什么？

师：你提出的问题非常有认识价值。

生 2：平行四边形以前有学过。

师：你能联系以前学的知识和内容，这说明你是一个喜欢思考的人。

生3：为什么要学这个图形？

师：你这种对比思考的方式让我非常喜欢，而且你的问题也很有研究价值。

结语：提出问题是创新的第一个步骤，你们已然跨出去了，现在掌声鼓励自己。

师：要解决平行四边形特征的问题，我们要先学会分辨平行四边形。在日常生活中，同学们有见过平行四边形吗？可以试着举例。

师：在生活中有许多平行四边形，例如伸缩门、楼梯道的护栏等（课件展示）。那么同学们觉得我们应该从哪些方面来探索平行四边形的特征问题？

生：从平行四边形的边入手。

师：这位同学的回答真是让我惊喜。还有吗？

生：从角入手。

师：非常棒哦！那我们现在就通过边和角这两个方面来探索问题吧。

②观察和猜想平行四边形的形状特征。

师：牛顿说过，只有大胆猜想才可能有伟大的发现，因此同学们来猜想一下，平行四边形的边、角各有什么特点？

生1：和长方形有点像，上、下两条边相等，左、右两条边也相等。

师：老师很喜欢你的大胆猜想，不过更准确地来说是对边相等。（板书）因为我们应该考虑到平行四边形斜放后，就不成立了。

生2：对边相互平行。（板书）

师：你肯定是个懂得倾听的好孩子。

生3：对角相等。（板书）

师：同学们的猜想都很有道理哦，那么到底对不对呢？我们现在开始验证。

③验证猜想。

师：同学们想一想，我们可以怎样验证平行四边形的角、边特征？

生1：直尺量边，量角器量角。

生2：可以对折，看看是否相等。

师：那么同学们可以采用自己喜欢的方法来验证猜想。

小组合作：第一，验证以上猜想；第二，写出验证过程。

师：哪个小组愿意自告奋勇来汇报？

小组：我们小组是用量的方法来验证，得出的结果是平行四边形的一组对边长2 cm，另一组对边长1 cm，而一组对角是45°，另一组对角是135°。在对边间画上垂线段后，长度也相等，这说明对边相互平行。

补充：我们小组是利用折纸方法，将平行四边形对角折在一起，得出结论是两角完全重合，这说明对角是相等的。

师：你们小组的补充很到位，谢谢你们。通过你们的验证，可以发现大家的猜想都是正确的，现在我们请一位同学来概括一下平行四边形的特征？

生：平行四边形对边相互平行，对边相等，对角也相等。

师：还能更加简洁吗？

生：平行四边形对边平行且相等，对角相等。

师：非常好，这个结论就是你们验证后的结果，现在我们来看看数学家的描述，大家翻开教材第64页，画一画，并齐读一遍。

【设计意图：让学生通过画、量、折的过程得出平行四边形性质，用具体操作使学生理解抽象的数学性质，并提高学生的自主探究能力和几何直观能力。】

④认识平行四边形的底、高。

师：刚才验证平行四边形形状特征时，同学用到了平行四边形的性质，而所作的垂线段就叫作平行四边形的高。现在请同学们看教材第64页，画一下，并齐读一遍。

师：平行四边形的底就是垂足所在的那条边。

师追问：那么以这条边为底，可以再作高吗？可以作多少条高？高的长度是否相等？原因是什么？

生：可以再作高，可以作无数条高，高的长度相等，因为高是两条平行线间的垂线段。

（3）课堂活动。

师：我们弄清了平行四边形的特征后，现在我们来画一下平行四边形。

同桌讨论如何操作。学生操作后，教师抽取部分进行展示，并让学生描述为什么是平行四边形。

师：大家都很聪明，无论怎么画，都满足平行四边形的性质。

【设计意图：学生画平行四边形的过程，可以加深学生对其特征的认识，不管平行四边形怎么变，对边都平行、相等，并且在画图过程中，可以训练学生画图和操作能力，培养学生的几何直观能力。】

（4）巩固练习。

①教材第65页做一做中的第二题。

②教材第67页的练习十一的第一题。

（5）总结。

师：在这一节课，大家有什么收获？（板书设计）

案例3 "平均数"教学设计。

（1）激趣导入。

师：请同学们看一下黑板上的小吸铁石，第一排共有5个，第二排共有9个，请同学们重新整理，让每排的吸铁石数量都一样。（黑板展示吸铁石）

生：将第二排的小吸铁石取两个排到第一排。

师：每一排共有几个小吸铁石？

生：共有7个。

师：那么现在每排都是7个，那"7"又是从何而来？它又是5、9之间的什么数？

生：7是从9取2，然后加入5而来的。

师：同学们都很聪明，"移多补少"后，将不同的两个数变为相同数，是我们今天要学的平均数。现在我们来认识"平均数"。（板书：平均数）

（2）探索新知。

①明确学习内容和学习方向。

师：看到"平均数"，同学们想要了解哪些知识呢？

生1：平均数是什么？（板书）

生2：平均数如何求？（板书）

生3：学习平均数有什么用处？（板书）

师：大家提出的问题都很有意义，值得探讨。

结语：创新的第一步是要提出正确的问题，现在你们已经迈出了这一步，掌声鼓励自己。

②探究求平均数的方法。

师：看到这张图，同学们得到了哪些信息？可以提出什么问题？（课件展示收集瓶子图）

生1：小明收集瓶子最多，小亮最少，那么小明比小亮多收集多少个瓶子？

师：这位同学是想比较他们收集的量差多少。

生2：小明要给小亮多少个瓶子，两个人才会一样多？

师：你真是个会倾听的好学生。

生3：平均每个人收集的瓶子数量是多少？

师：你的问题很值得大家一起探讨。

……

师：同学们都非常大胆地提出想法。那么如何理解"平均每个人收集的瓶子数量"呢？又如何使得瓶子数量一样多呢？大家请看以下要求。

互相讨论：平均数是什么？如何使得他们的瓶子数量相同？平均每个人收集的瓶子数量是多少？

师：现在哪个小组自告奋勇回答一下呢？

小组：我们小组认为平均就相当于一样多，可以"移多补少"来使他们的瓶子数量相同，因为瓶子大，所以我们使用瓶盖来演示，得出结论是平均每个人收集13个瓶子。

师：掌声鼓励。还有什么要补充的吗？

补充：我们小组是使用计算方式得出结果的，先计算4位同学收集瓶子数量为14、12、15、11，加起来为52，再平均分给他们，为 $52 \div 4 = 13$，可知平均每个人收集了13个瓶子。

师：谢谢你们，真的是补充得很到位。通过这两个小组的描述，我们可以知道平均数的两种求法，第一种是移多补少，第二种是直接计算。

【设计意图：学生在研究求平均数的方法过程中，用直观物体移多补少，理解平均

数,同样可以培养学生的几何直观能力。】

③理解平均数含义。

师:刚才我们得出平均每个人收集13个瓶子,那么这个13是每一个人真正收集的数量吗?

生:当然不是,这个13是平均数。

师:所以啊,平均13个,不能和每个人13个混为一谈,这个平均数13反映了这4个人收集数量的平均情况。

师:请同学们试着举例你生活中遇到的平均数。

(3) 巩固练习。

①第93页练习二十二中的第三题。

②第92页做一做中的第二题。

③第67页练习十一中的第一题。

(4) 总结。

师:这节课大家有什么收获?(板书设计)

4.3.2 引导"析图画图"方法

利用直观教具让学生认识直观图形

在小学阶段,学生需要依靠直观的教具来解决问题,所以培养小学生的几何直观能力就要利用直观教具来让学生认识直观图形。教学过程中,教师应该重视学生的动手能力,提高学生的空间想象力和几何直观能力。

案例4 在"梯形"教学过程中,可以让学生观察日常生活中的梯状物,并收集梯状物带到课堂上,这样就可以当作直观教具。而且这样可以帮助学生认识梯形的特点和梯形各部分名称。此时,教师可以让学生用自己手中的笔,堆出一个梯形模型。学生可以在这两个过程中感知梯形的形状特征。教师再引导学生通过观察、分析进一步感知梯形特征,并将实物抽象成直观图形,最后引导学生使用语言描述梯形,在大脑中形成表象。

学生通过以上这些活动,再概括得出梯形的相关概念,提高学生的几何直观能力。

案例5 "圆柱的认识"一课中,可让学生收集圆柱形状的物体带到课堂,充当教具。目的是让学生认识圆柱体的特征和各部分名称。此时,教师可以使用几何画板进行动态演示。学生通过观察收集物和几何画板的动态演示感知圆柱形状特征,教师再引导学生观察和分析,将实物抽象为圆柱立体图形,从而在大脑中形成圆柱表象。

学生经历以上活动后,可以概括得出圆柱相关概念。教师还可以让学生在课后制作圆柱体,加深学生对圆柱形状特征的理解。学生还可以在过程中,掌握圆柱体各部分名称,进而提高学生的几何能力。

在教学过程中,教师利用直观教具、模型有利于学生认识几何图形,丰富学生的图形表象认识,从而提高学生的几何直观能力。

4.3.3 培养"看图识数"能力

1. 对图形进行加工，使学生发现数据信息

教师应该让学生体会收集数据、整理数据、分析数据等过程，理解数据统计的意义所在。学生在认识统计图的基础上，将数据结合，并对统计图进行加工，使数据直观体现。学生在加工统计图过程中，可以提高学生的数据分析能力和几何直观能力。

案例 6 在"复式条形统计图"一课中，学生在学习此课前已经学会了如何用条形统计图画出乡村与城镇的人口统计图，但是在比较人口数上却不是很容易。因此，教师可以让学生把两个条形统计图画在一起，变成一个复式条形统计图，再引导学生观察此图，比较乡村与城镇的人口数。再让学生试着说出单复式条形统计图之间的差异，从而概括得出复式条形图的优势。学生通过观察，可以看出2010年的城镇人口是最多的，而1980年乡村人口数是最多的。而且学生还能看出蓝色柱状条逐渐加高，而红色柱状条逐渐减低。

在组合单式条形图，绘制复式条形图的过程中，学生可以弄清楚复式条形图的优势所在。通过观察复式条形图，学生可以更加直观地看出数据差异，提高学生的图形组合技能和几何直观能力。

2. 通过结合图形，使学生准确理解数据意义

在小学阶段，学生对知识理解以直观形象为主，如在统计量的学习过程中，可借助图形直观形象的特点，帮助学生分析数据，理解数据的意义和价值。

案例 7 在"平均数"的教学过程中，求平均每个人收集的水瓶数时，可以借助课件展示将每个人收集到的水瓶按一定的顺序排列，再移多补少，得出结论：平均每个人收集了13个水瓶。教师也可以用小吸铁石代替水瓶，在黑板上演示。

学生通过移动水瓶或小吸铁石，结合直观图，理解平均数的含义和在具体问题中的意义及价值。

案例 8 在"扇形统计图"的研究牛奶中的营养成分比例教学过程中，为了更直观地表示各成分与牛奶总量之间的关系，可以用扇形统计图来表示。

学生通过扇形统计图，可以理解各营养成分所占百分比的含义和各成分量与总量之间的关系。

借助扇形图分析数据、理解数据含义，有利于提高学生的几何直观能力。

4.4 "几何直观"核心素养培养教学设计案例

【教学内容】"平行四边形的性质"[①]，选自人教版《数学》八年级下册第41~43页。

---

① 邱莲. 借助几何直观，理解概念本质："因数与倍数"教学设计与意图 [J]. 全国优秀作文选（教师教育），2020（4）：66-67.

【教学目标】

1. **知识与技能**

掌握平行四边形对角相等、对边相等的性质,并能运用平行四边形的性质解决几何图形的问题。

2. **过程与方法**

通过动手测量、小组交流、合作探究和自主推导等过程,培养学生的动手操作和合作交流能力,培养学生的逻辑思维和推导能力。

3. **情感态度与价值观**

使学生在推导和证明几何图形性质的过程中培养对数学的兴趣,体会几何图形与生活的密切联系,增强自主探索与合作交流的意识。

【教具准备】课件,平行四边形卡纸。

【课前思考】

平行四边形对于学生来说,在日常生活中经常接触,所以对于平行四边形,学生在生活中已有一定的经验积累。如何激活学生的相关经验,适时地进行数学化,引导学生理解并完成平行四边形性质的推导和证明过程,是本课教学的关键。同时学生在学习本节课内容之前,已经对平行四边形的定义有了相应的了解并学会了三角形全等的证明方法,在教学中及时引导学生理解平行四边形性质的证明,会较好地帮助学生培养几何直观图形定义性质的推导及证明的思维,密切联系生活,增强自主探索与合作交流的意识。

【教学过程】

一、情境导入

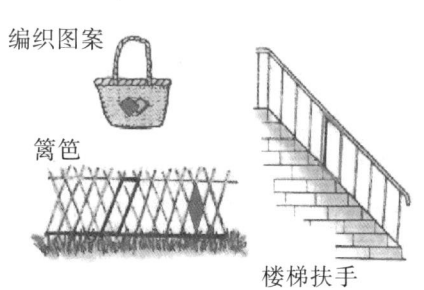
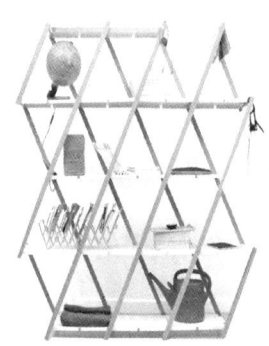

图 4-11 生活中的平行四边形

图 4-12

师：同学们，请观察上面的几幅图，你看到的是什么图形呢？

生：平行四边形。

师：对的，平行四边形与我们的生活密切联系，楼梯、伸缩门、篱笆、书架、地瓷砖等，都有它的形状，所以说它的作用是不是很大呀？

生：是的。

师：之前我们已经学过了平行四边形的定义，有没有同学记得的？请靠窗边的这位女生你来说。

生：两组对边分别平行的四边形是平行四边形。

师：由平行四边形的定义，我们知道平行四边形的两组对边分别平行。除此之外平行四边形还有什么性质呢？带着问题一起来探究。

二、探索新知

1. 度量与合作交流

探究：根据定义画一个平行四边形，观察它，除了"两组对边分别平行"外，它的边之间还有什么关系？它的角之间有什么关系？度量一下，和你的猜想一致吗？

师：同学们，请画一个平行四边形度量一下它的边和角，小组内交流度量结果，给大家3分钟的时间，老师待会请同学来分享结果。

生：动手度量和小组交流想法。

师：好，时间到！请第一组的代表来回答，你们小组交流的结果是什么？

生：平行四边形的对边相等、对角相等。

师：好，其他组的同学与这组同学的猜想一样吗？通过观察和度量，我们猜想平行四边形的对边相等、平行四边形的对角相等。下面我们对它进行证明。

2. 教师引导，学生推导

上述猜想涉及线段相等、角相等。我们知道，利用三角形全等得出全等三角形的对应边、对应角都相等，是证明线段相等、角相等的一种重要的方法，为此，我们通过添加辅助线，构造两个三角形，通过三角形全等进行证明。

师：老师这里有一张平行四边形的卡纸，上面画了一条辅助线，请同学们根据平行四边形的定义和三角形全等的方法动手证明平行四边形的对边、对角是否相等。

学生动手证明平行四边形的性质。待学生证明完后，请学生一起说，教师板书：

证明：如图 4-13 所示，连接 AC

∵ $AD /\!/ BC$，$AB /\!/ CD$，

∴ $\angle 1 = \angle 2$，$\angle 3 = \angle 4$

又 AC 是 $\triangle ABC$ 和 $\triangle CDA$ 的公共边，

∴ $\triangle ABC \cong \triangle CDA$

∴ $AD = CB$，$AB = CD$，

$\angle B = \angle D$

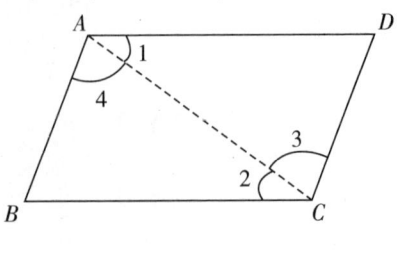

图 4-13

请学生自己证明∠BAD = ∠DCB，然后汇报证明过程。

师：这样我们证明了平行四边形具有以下性质：平行四边形的对边相等；平行四边形的对角相等。

师：不添加辅助线，你能否直接运用平行四边形的定义，证明其对角相等？

生：两直线平行，同旁内角互补。

师：对的，这样也可以证明其对角相等。

师：已知平行四边形一个内角的度数，你能确定其他内角的度数吗？

生：能，可以用平行四边形的性质来确定。

【设计意图：让学生自主证明和引导证明相结合，培养学生逻辑思维和几何证明能力。】

师：即学即用，请同学们用刚才学到的知识证明以下题目。

让学生动手证明然后分析证明过程，师生共同评价结果。

如图 4 - 14 所示，在 □ABCD 中，DE⊥AB，BF⊥CD，垂足分别为 E、F。求证 AE = CF。

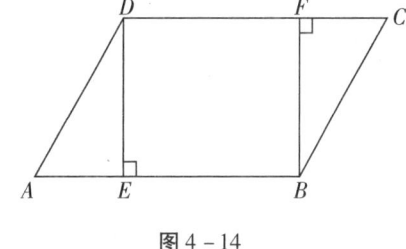

图 4 - 14

证明：∵ 四边形 ABCD 是平行四边形，

∴ ∠A = ∠C，AD = CB

又∠AED = ∠CFB = 90°

∴ △ADE ≌ △CBF

AE = CF

【设计意图：加深学生对平行四边形性质的理解，熟练掌握和应用。】

师：请大家思考两条平行线之间的距离和点与点之间的距离、点到直线的距离有何联系与区别？

学生动手折纸、度量、画图分析和讨论；教师参与引导学生思考和交流。师生共同得出：如果两条直线平行，那么一条直线上所有的点到另一条直线的距离都相等。两条平行线中，一条直线上任意一点到另一条直线的距离，叫作这两条平行线之间的距离。

【设计意图：引导启发学生思考，通过动手操作和小组交流，培养学生动手操作和合作交流能力，培养学生联想和综合运用知识的能力。】

三、巩固练习

（1）在 □ABCD 中，

① 已知 AB = 3，BC = 5，求它的周长；

② 已知 ∠A = 38°，求其余各内角的度数。

（2）如图 4 - 15 所示，剪两张对边平行的纸条，随意交叉叠放在一起重合的部分构成了一个四边形。转动其中一张纸条，线段 AD 和 BC 的长度有什么关系？为什么？

【设计意图：通过多种形式的练习，加深学生对平行四边

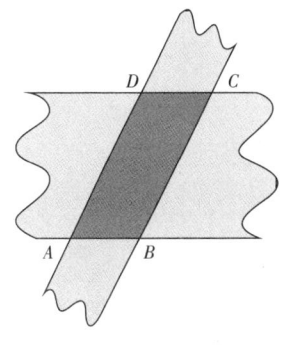

图 4 - 15

形性质的理解，提升灵活应用知识解决问题的能力。】

四、拓展升华，深化概念

师：通过本节课的学习，你理解并掌握平行四边形性质的推导过程吗？关于平行四边形性质的知识还有很多，下节课我们继续探究。有句名言说得好："感觉到数学的美，感觉到数与形的协调，感觉到几何的优雅，这是所有真正的数学家都清楚的真实的美的感觉。"希望大家在平时的学习和生活中，多观察多感悟，多运用几何知识解决实际问题，让生活变得更加便捷美好。

【设计意图：一堂好的数学课，既要有精彩亮丽的导语、丰富充实的环节，又要有回味无穷的结尾。选用庞加莱的名言，既与本节课所学的几何知识有关，又渗透了思想教育，激励学生努力学习，增强学生学习数学的自信心。】

【教学反思】

本节课教学是平行四边形性质的证明，平行四边形性质是在学生学过三角形全等和平行四边形定义问题的基础上进行的教学，这一内容是学习平行四边形判定知识解决问题的基础，是中学数学重要的基础知识之一。平行四边形在学生生活、社会生产中有着广泛的应用，大部分学生都直接或间接接触过生活中的平行四边形，对平行四边形的性质具有感性知识。所以在教学中我从学生生活实际入手，采用学生自主探究、合作交流为主，教师点拨引导为辅的策略，让学生在生活实例中感知，在课堂中积极参与证明和推导，在具体运用中掌握平行四边形性质的证明方法。主要体现在以下两个方面。

1. **密切联系生活，理解并掌握平行四边形性质的证明方法**

感悟在生活中搜集到的具体例子，对激发学生内在的学习动机起到了很好的作用。让学生在探索中学习理解并掌握平行四边形性质的证明方法，然后再应用到解决实际生活的例子中。本课的教学，从学生生活实际入手，采用学生自主探究、合作交流为主，教师点拨引导为辅的策略，让学生经历了"在实例中感知，在思辨中发现，在运用中理解，在总结中应用"的学习过程。

2. **关注学生知识的构成过程**

新课程理念强调，重视知识的构成过程，不能只关注结果。我的"平行四边形的性质"这节课的教学资料无论是素材的选取，还是教学过程的设计都让学生体会和感受到了学习数学的必要性。没有直接告诉学生学习平行四边形性质的证明方法，让学生自主探究、合作交流，让学生在探索思考中培养逻辑思维，提升分析和解决问题的能力。

小结

中小学生的几何直观能力要从小开始培养，几何直观能力的培养不是一蹴而就的，此外，中小学生的学习环境和学习资源也是必不可少的，所以在中小学数学教学中，对学生几何直观能力的培养应该给予高度重视，教师应该结合适当的教学策略，根据学生已有的水平进行教学，并为学生创设良好的学习环境，有效地加强中小学生几何直观能力的培养，帮助学生建立几何直观能力和提高数学素养，使学生更好地学习和运用数学知识。

  总而言之，中小学生几何直观能力的培养是一项非常重要并且艰巨的任务，需要多方的共同努力。

5 核心素养下中小学生数据分析观念的培养

在日常生活中，会出现各种各样不确定性的数据，这些不确定性数据有些对我们的生活没什么帮助，而有些在经过我们人脑的深度加工分析后，会呈现出一定的规律与作用，有利于我们社会的进步与科技的发展，而如何取舍这些数据，关键在于我们是否具备一定的数据分析意识。

5.1 "数据分析观念"核心素养的内涵

我们先来认识"随机数据处处可见"这一现象，主要有两层含义：其一，我们需要了解，对于同一个事件，每次发生的概率是不同的，也就是说，我们不可能在同一个事件中一直获取一模一样的信息。其二，要清楚地意识到只要我们收集到足够大量的随机数据，就可能发现其中的规律。而从学生已有的知识结构来看，学生是在掌握了数与代数、图形与几何等内容的基础上，再学习统计与概率这一章的内容，是在具备了一定的逻辑推理为主的确定性思维的基础上，再接触随机数据的概念的，要使统计教学起到很好的效果，教师不应仅仅满足于让学生对身边的统计现象有所了解和观察，而是教师应当通过多样且随机的方式呈现数据材料，遵循学生的思维发展规律，使学生明白事物的发生不是一成不变的，自有其随机性与规律性，从而形成数据随机性观念和数据分析观念。学生才能更好地把握整体数据进行思考，养成对数据深入思考的能力，从而使他们的数学核心素养得到很好的发展。因此在教学中，要想学生掌握数据随机性、规律性、整体性、多样性的概念，选择恰当的问题情境入手显得十分重要。例如，在讲授统计与概念的内容时，教师可以让学生亲身体验抛硬币，总共抛10次硬币，记结果正面朝上为"1"，负面朝上为"0"，鼓励学生动手体验，并将10次抛得的结果记在纸上，引导学生得出"虽然每一次抛硬币的结果是随机的，但是它正面与反面所得的次数是趋于相等的"这个结论。并提出问题，请同学们思考：如果抛100次硬币，会不会出现50次正面朝上，50次反面朝上的情况呢？接着可以利用多媒体课件演示抛100次硬币的结果，引导学生得出结论，并认识到，只要随机数据足够大，我们很有可能得出数据的规律，并对下一步可能的结果进行预测。

那么，究竟什么是数据分析观念呢？《义务教育数学课程标准（2011年版）》[①] 中

[①] 中华人民共和国教育部. 义务教育数学课程标准（2011年版）[M]. 北京：北京师范大学出版社, 2012.

对数据分析观念的根本内涵做了哪些阐述呢？首先，应确定所要研究的主题，并通过仔细的研究观察，记录实验所获得的第一手数据，之后再对数据进行整理，通过分析来判断数据中包含的信息。该描述强调建立统计意识作为开发数据分析概念的先决条件。面对复杂的现实世界，学生要掌握从数据中提取数据的能力，必须具备一定的数据意识，并能够认识数据包含的信息，同时还应具备数据分析意识，知道只有通过分析，数据中所包含的信息才能被充分挖掘。其次，在获得信息之后，还要深刻了解到对同一批数据可以有多种多样的分析方法，我们需要根据问题的具体背景选择合适的分析方法。数据中上下文所要传达给研究者的信息，是区别数据和数字之间的最大差异，这使得我们在各种问题情况下收集的数据可能相似，但对其所使用的分析方法却可能截然不同。不同的数据分析方法不能简单地通过"正确"和"错误"来判断，只能通过"合适"和"不合适"来判断。同样的数据，由于研究问题和目标不同，使得我们选择数据的分析方法不同，这就要求作为决策者的我们，应根据具体情况和预期结果对不同的分析方式做出正确的选择。[①] 最后，通过收集数据并对其进行分析来体验随机性：一方面，从同一个问题入手，所获取的数据可能具有不确定性；另一方面，只要掌握了足够多的数据，那么从数据中读取隐藏的规律便成为可能。这证实了现实数据具有强大的随机性，以及具有随机性的原因，在于数据分析是从日常生活中，在大量数据的基础上进行分析的过程，而实验过程本身就具有高度不确定性，我们无法控制数据的变化，无论做多少次实验，误差都是不可避免的，因而会产生不确定性。

5.2 "数据分析观念"核心素养的研究现状

2001年颁布的《全日制义务教育数学课程标准（实验稿）》明确提出发展学生的统计观念，2011年颁布的《义务教育数学课程标准（2011年版）》将"统计观念"更名为"数据分析观念"，这一举措使统计与概率部分的相关内容在中小学的学习内容中的重要性得以彰显。而在当下，关于课程设计与教学的核心是什么，毋庸置疑就是发展学生的数据分析观念，那么，何为数据观念？其主要内容包括了对数据分析观念根本含义的阐述，以及如何利用各种方式，使学生领会到数据随机性的普遍现象，以及如何更准确地利用所得数据来解决问题。其中，前两者着重对统计过程与统计方法的研究，后者与前两者的不同之处在于它比较关注运用统计与概率的知识来解决问题，着重如何应用。

目前，有关数据分析观念方面的研究在国内还处于起步阶段，大部分是从学生对于统计相关概念理解的能力入手，研究学生的统计认知发展能力的相对较少且不够系统。国外的研究相对于我国则较为成熟、系统，相当数量的关于统计思维的发展框架也正在形成。

如何多方面培养学生的数据分析观念，是统计与概率内容学习的重中之重。而正

---

① 李星云. 小学生数据分析观念的培养策略［J］. 广西教育，2017（16）：4.

是由于国内外专家以及相关领域的学者对该领域坚持不懈的研究,使得在学术界关于数据分析观念的研究呈百花齐放之势,但是,就文献的数量来说,尚且不多。而国外学者与我国学者在主要研究领域也有所不同,前者主要着重统计与概率的认知发展框架,后者主要着重统计量、统计图或表、平均数、标准差这些领域,但二者都未对中小学生的数据发展观念做系统研究。

5.3 "数据分析观念"核心素养的培养策略

由《义务教育数学课程标准(2011年版)》中对于"数据分析观念"概念的解释,我们获悉,要在义务教育阶段培养学生的数据分析观念,需要遵循以下三点:第一是对学生的学习过程做一些规定,即数据统计分析观念是学生在生活中调查数据,并对数据进行收集和归纳的过程中逐步形成的,学生在分析了数据之后,能正确地获取某些信息;第二是对分析手段的规定,即学生如何根据不同的问题情境,因势利导,灵活地选择不同的分析方法的能力;第三是领会的规定,也就是让学生了解数据的随机性,养成从各种数据中得出规律的能力。①

其中对第二点"分析手段的规定"可做如下进一步解读:《义务教育数学课程标准(2011年版)》对学生数据分析观念做了一系列的规定,其中,能否根据不同的现实问题情境,灵活地运用不同的数据分析手段对数据进行整理分析,是对学生数据分析手段的具体规定,值得教师重视。教师应在日常的教学中,创设一些问题情境,在巧妙地激发学生学习兴趣的同时,让学生懂得数据分析方法不是一成不变的,其应用没有具体的硬性规定,是可以根据我们的个人经验,有选择地进行应用,并且这种应用没有具体的好坏之分,只有使用得恰不恰当的说法,鼓励学生灵活思考,对学生进行发散思维的培养,使他们能够有目的地筛选、整理、分析数据,从而培养自主选择能力。如在统计这一章的教学中,教师不应让学生死记硬背各种统计方法的特点,而应让学生在了解各种统计方法的优越性之后,进行认真仔细的分析,并能够根据具体情境选择恰当的统计方法。具体教学中,教师可以采用条形统计图这一方法来对数据与数据之间的不同做一个直观的展示。而如果是对数据的变化情况有直观的要求,则可以采用折线统计图的方法来展示,也可以用扇形统计图来反映不同数据种类占所有数据的百分比,培养学生根据不同问题情境选择不同分析方法灵活处理数据的能力。

5.3.1 促进统计意识形成

数据分析观念作为统计思想的组成部分,具有非常重要的作用。首先,教师要使学生具备基于具体问题灵活运用不同统计方法的能力。其次,当学生具备了统计意识之后,教师应当教给学生具体的统计方法,使学生在掌握了这些方法之后,其数据分

---

① 黎灿明. 创设实践活动,发展学生数据分析观念[J]. 教学与管理,2018(2):41-44.

析能力得以大幅提升。

案例1 人教版七年级《数学》下册"统计调查"中第一问:"如果要了解全班同学对新闻、体育、动画、娱乐、戏曲五个节目的喜爱情况,你会怎么做?"

```
                调查问卷
                              年    月
在下面5类电视节目中,你最喜爱的是(    )(单选)
(A)新闻   (B)体育   (C)动画   (D)娱乐   (E)戏曲
填完后,请将问卷交给数学课代表。
```

图 5-1

通过设疑的方式,使学生对这个问题产生浓厚的兴趣,当学生为此绞尽脑汁时,教师再适时引导学生,可以通过问卷调查的方式来解决这一个问题(见图5-1)。然而在回收一系列的调查问卷之后,学生会疑惑怎样处理调查问卷的结果。首先教师应当给学生数据的概念;其次向学生展示如何收集这些数据;最后必须采用合适的统计方法进行统计,比如可以采取统计表来对学生的节目喜爱情况做具体直观的表示。使学生更清楚地了解其背后所蕴含的规律,形成抽象化的统计思想,我们只有掌握了统计思想,才可能熟练地对这些数据进行加工,从而得出其隐藏的规律。

5.3.2 培养多角度分析数据能力

"通过分析作出判断,体会数据蕴含着多样化的信息"是数据分析观念的重要内涵之一。换言之,要得知一个人数据观念的强弱、数学素养的高低,可以通过其在数据中获得信息的能力来判断。

案例2 人教版七年级《数学》下册"统计调查"里出现的"我国体育健儿在最近七届奥运会上获得奖牌"的统计图(教材第142页),教学层次如下,首先是表面数据的获得,即对所给信息的获得,如统计图的标题是我国体育健儿在最近七届奥运会上获得奖牌的情况,纵轴代表获得的奖牌数,横轴代表我国奥运健儿参加奥运会的届数。这一步对于数据的获得是表面的,仅仅从第一手数据出发,未对其做进一步的加工,但是这些基本数据的获得为之后的加工提供了基础。其次是通过对数据做进一步加工的过程,对数据进行比较,并对数据进行简单的四则运算,比如第23届与第24届奖牌数差了多少枚等。这个步骤是对第一步的进一步加工,但是还处于数据分析的初步阶段。最后是对数据进行深层次的分析加工过程,揭示数据背后的规律,以及根据所得规律预测未来的数据走向,此举分为纵向推理与横向推理,前者是数学与数学之间,后者是数学与生活之间。如"我国体育健儿参加奥运得到的金牌逐年增多,并且对第30届的奖牌获得数进行了大胆的预测,大概会达到多少枚"是纵向推理;而"从我国奥运健儿取得的金牌数的规律来看,是否从侧面表现了我国越来越重视国民体育素质的培养"是横向推理。通过这种理性思考活动,学生可以学习如何使用数据进行分析和思考。

5.3.3 培养分辨数据真实能力

随着当代科学技术以及网络的飞速发展，人们可以在网上获得大量的信息，但是，如何在广阔的信息海洋中捕捉到我们需要的正确信息，需要我们具备良好的思辨能力。根据皮亚杰的认知发展阶段理论，中小学生正处于数学的具体运算学习阶段，虽然具备了可逆性与守恒性思维，但其思辨方面能力尚处于初步阶段。所以，在这一阶段，教师应着重培养学生的思辨意识和思辨能力，引导学生"吃透"数据，了解数据的深层次含义，并始终抱着对数据正确性的怀疑态度，也要善于对数据的来源进行考察和评价。

案例 3 近几年很火爆的"双 11"活动，其中就隐藏着不少常人难以发现的购物陷阱，消费者往往想着获利，结果却是让利。比如消费者买一件衣服原价是 500 元，定金 15 元顶 30 元，前 4 000 件定金翻 3 倍，每件再直降 96 元，0 点前抢购再送无门槛不折现红包 50 元，满 599 减 60 优惠券一张，等等。利用这种复杂的数学手段，让消费者深陷其中。

5.3.4 促使掌握数据整理方法

教师在给学生上课的过程中，可能有一些原始数据过于杂乱无章，难以看出其背后规律，这时学生会产生对其进行分类的想法，但是不知如何下手，这就需要教师巧妙引导学生，让学生学会灵活整理原始数据的方法，使这些知识系统地、直观地、有条理地出现在我们面前，便于我们感知。根据课本内容里关于统计调查的内容呈现来看，主要就是对数据的分类，但是由于教材中的数据往往都是完成了分类之后的，不需要学生苦思冥想如何对其进行合理有效的分类，只需进行适当的整理和统计。如果能够做到对数据进行有效合理的分类，将对我们获得数据背后的规律与预测有极大的帮助。

在人教版《数学》七年级下册"调查统计"中，对于学生兴趣的调查，如表 5-1 所示，可以看出所得调查结果都是一些符号，而不是数据，这个时候，需要教师引入数据这个概念，使学生初步了解并掌握它。例如，编号为 A 的节目对应的人数是 4，编号为 B 的节目对应的人数是 10。教师在黑板上首先将这五个分类写下来，然后用横线将这五个分类隔开，再从美观的角度上考虑加上竖线，这样一来，一张粗略的表就诞生了。如表 5-2 所示。

表 5-1 学生问卷调查结果图

C	C	A	D	B	C	A	D	C	D
C	E	A	B	D	D	B	C	C	C
D	B	D	C	D	D	D	C	D	C
E	B	B	D	D	C	C	E	B	D
A	B	B	D	C	B	C	B	C	D

表 5-2 最喜爱各种节目类型的学生人数

节目类型	人数/人
A 新闻	4
B 体育	10
C 动画	15
D 娱乐	18
E 戏曲	3

通过这种形式,给学生清晰展示了最喜爱各种节目类型的学生人数,教师再次提问:"网站上有很多调查表,那么我们如何将我们的调查表与其他表区别开呢?"学生经过讨论后认为需要将班级名称等基本内容添加在整理表单上,同时用数字来表达整理出来的数据。教师在此基础上提出下一个问题:"同学们可以通过这张表,一下子看出参加此次调查的总人数吗?"学生回答不可以,教师通过巧妙设问,引起学生兴趣之后,把握时机展示给学生解决问题的方法,比如在这张表的最下面一栏加上总人数,再鼓励学生与教师一起计算所得结果,并将结果与实际人数对比,验证结果的准确性,从而得出统计表这一个概念。教师在教学的过程中要善于利用这些静态的材料,引导学生将自己的生活经验发挥出来以整理这些材料,进行科学的分析,找出其中的优点和不足,最终获得一种最为合理的分类结果。在教师带领学生整理数据的过程中,并没有用各种规定去限制学生的思维,反而鼓励他们个性化发展,用自己的方式将数据整理的结果呈现出来。虽然这种方式需要教师花费较多的时间和精力,但是教学效果可以提升不少,并且能够使学生对分类的合理性以及重要性有更深刻的理解,感受到了分类的价值,积累了宝贵的相关经验。

5.3.5 培养数据随机意识

数据的随机性在数据收集、数据分析过程中是随处可见的,因此,教师要善于设置一定情境,使学生身在其中,体会到数据随机性这一个重要的特点,为以后更好地分析数据打好基础。

案例 4 小强与他的 6 个好朋友打算玩"老鹰捉小鸡"的游戏,于是小强在长方体形状的橡皮擦的各个面上分别写上 1、2、3、4、5、6,在扔橡皮擦之前让每个朋友各自选自己的号码,然后扔橡皮擦,看橡皮擦最上面显示的数字是几,就选谁当"老鹰"。询问同学们认为小强的方案是否公平,并说出你认为公平或不公平的原因。对于这一问题,大多数学生不能给出准确的回答,缺乏一定的数据意识,换言之,学生在面对具有实际背景的问题时,回答问题多凭经验或记忆而不是由数据的整理、分析做出推断,他们还不具备统计推理能力。但是,通过这样一个小游戏,让学生体会到数据随机性的广泛存在。因此,应当鼓励教师在教学中创设多种情境,使学生亲身感知数据随机性存在的同时，为数据意识培养打下良好基础。

5.4 "数据分析观念"核心素养培养教学设计案例

【教学内容】"统计图总复习"①，选自浙教版《数学》六年级下册总复习中的一课。

【教学目标】

1. 知识与技能

把对各类统计图特点和作用的了解、理解发挥应用到实际情境中，能将数据分析和实际决策结合起来。

2. 过程与方法

在教材原有的基础上，对习题部分做进一步的改编和创编。

3. 情感态度与价值观

数据分析观念是小学数学核心素养的重要组成部分，学习统计的核心目标是发展学生的数据素养。

【教具准备】课件。

【课前思考】

小学阶段的数学教学工作会使学生形成早期数学思维，并对他们今后的数学能力产生一定的影响。因此，小学时期数学核心素养的综合培育对学生今后的发展具有非常重大的意义。那么如何增强学生的数据分析观念，不断提高他们的数学核心素养，就成了家长和教师普遍关注的问题。

【教学过程】

一、复习回顾

师：小学阶段，我们学习了哪几类统计图？（出示课件）

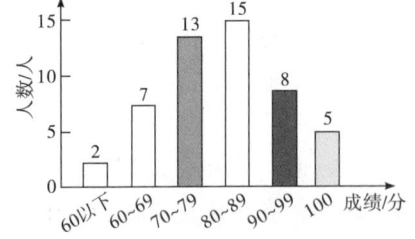

图 5-2 六年级（1）班英语成绩统计图

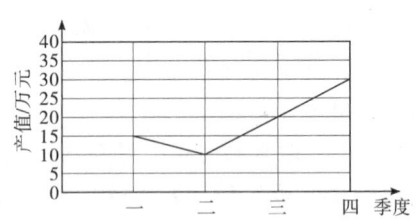

图 5-3 某食品厂 2008 年各季度产值统计图

---

① 朱一凡. 提高统计素养 发展数据观念：《统计图总复习》教学设计与思考[J]. 小学教学设计，2021（Z2）：18-20.

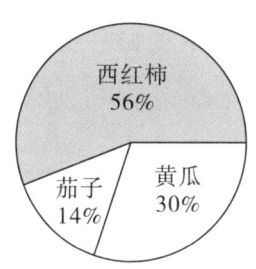

图 5-4 红星农场蔬菜种植面积统计图

【设计意图:回顾所学知识。】

二、合作交流,厘清概念

1. 自主学习,初步感知

出示活动要求:

(1)仔细阅读 12 个学习材料。(材料略)

(2)小组讨论:每个学习材料制作成哪种统计图更合适?请你来分分类。

2. 小组交流

3. 学生汇报

强调提问:为什么做成这类统计图,想让别人获得什么信息?

条形统计图:可以清楚地表明各种数量。从图上一眼就能看出谁最多,谁最少。

折线统计图:不但可以表示数量的多少,而且可以清楚地看出数量的增减变化情况。在时间上有一定的连续性,一般统计对象都是同一事物,前后之间有着一定的联系。

追问:怎样看出哪一段增长得快,哪一段增长得慢?

扇形统计图:清楚地看出各部分数量与总数之间的关系,即每一部分占总数的百分比。(突出扇形统计图的单位"1")

【设计意图:要求学生整体阅读 12 个统计材料,通过多个材料之间的比较、联系,从数据特点和表达需要的角度进行分类,突出 3 种统计图的特点和作用。】

4. 学生活动

师:小组分工合作,选择 3 个学习材料分别制作成条形统计图、折线统计图、扇形统计图。想一想,在作图的过程中需要注意什么?

在学生作图、总结的基础上强调:条形、折线统计图注意横轴、纵轴表示什么;注意刻度,每一格表示几;复式条形、折线统计图要注意图注。扇形统计图有时候要计算每一部分圆心角的度数,以及注意总数。

【设计意图:让学生在实际操作中体会制图过程中要注意的细节,强调统计图的四要素:图形、图号、图目、图注,落实双基。】

三、解决问题

1. 根据统计图解决问题

出示材料 6:

表 5-3 2010—2015 年浙江省内高速五一小长假日均车辆通行数量统计表

年份	2010	2012	2013	2014	2015
辆数/万辆	74	80	150	170	185

问1：2010年，浙江省内高速五一小长假车辆通行数量是多少万辆？2011年可能是多少万辆？你是怎么估计的？（突出折线统计图的连续性）

问2：哪一年浙江省内高速五一小长假车辆通行数量增长得最多？比前一年多百分之几？猜一猜可能是什么原因？

问3：你读懂了吗。

【设计意图：小学生学习统计图，最重要的是理解数据的含义和用途，发展分析数据、解决问题的能力。第1个问题考查常规的数据阅读能力，落实折线统计图的意义；第2个问题需要学生结合百分数应用题的相关知识来解决，并鼓励学生联系实际猜测、归因；第3个问题进一步补充信息，引导学生结合现实背景，再度体会数据中蕴含的信息，突出数据对于现实的反映能力，启发统计观念。对于数据的分析、评价和合理的、现实的、发散性的联想，属于高阶思维的培养。】

出示材料11：

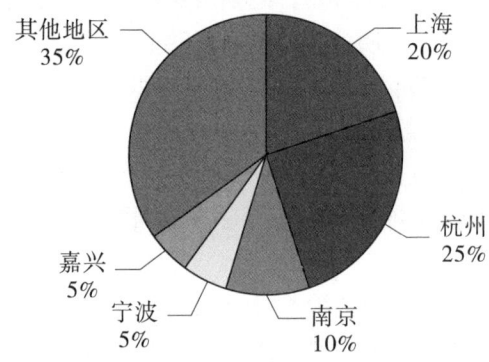

图 5-5 2015 年五一小长假千岛湖游客来源情况

问1：2015年五一小长假期间来千岛湖旅游的游客（120万人）中，来自杭州的游客有多少万人？比来自上海的游客多多少万人？

问2：2015年五一小长假期间来千岛湖旅游的游客中，来自杭州的游客是最多的吗？

问3：来自温州的游客占其他地区游客的10%，来自温州的游客有多少万人？

【设计意图：对于问题2，会有学生提出其他地区有35%，可能会比来自杭州的游客多；同时又会有学生提出，游客最多的城市为什么要合并在其他地区中？在这样的碰撞中，深入体会统计图的表达，引出作图时，如果内容比较多的话，可以采用大数精确、小数模糊的原则。】

2. 建立统计图之间的联系

提问：哪些材料可以合并成复式统计图？

师：怎样的两幅统计图可以合并成复式统计图？

预设：统计图类型相同，内容相同，单位相同……

根据学生的回答，出示材料4、5，合并成复式条形统计图——

表 5-4 2010—2015 年杭州西湖、千岛湖五一小长假游客数量统计表

单位：万人

年份	2010年	2011年	2012年	2013年	2014年	2015年
千岛湖	17	30	35	70	100	120
西湖	190	185	180	170	185	170

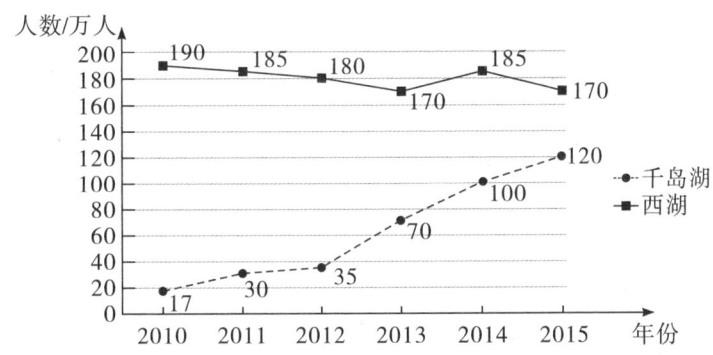

图 5-6 2010—2015 年杭州西湖、千岛湖五一小长假游客数量统计图

问1：2010—2015 年五一小长假千岛湖游客和杭州西湖游客数量变化情况有什么不同？

问2：哪一年五一小长假千岛湖游客数量增长得最多？多百分之几？可能是什么原因造成的？

问3：预测 2016 年五一小长假千岛湖和杭州西湖的游客数量可能是多少万人？说一说你的理由。

【设计意图：对于问题2，学生在分析数据、寻找原因的时候，除了要观察材料4、5 的数据，还要能联系12 个学习材料中的其他数据。比如，材料11 告诉我们千岛湖的游客大多来自周边城市，又联系到节假日小客车免费通行，从而可以更好地解释2013年游客数量增长最多的原因。对于问题3，引导学生在分析数据的基础上做出合理的推断和预测，这是一项很重要的统计素养，这种预测重在合理，学生可以根据前几年的数据趋势进行预测，也可以像问题2 一样，结合其他学习材料综合分析以后再预测。比如，千岛湖的空气质量比周边城市都要好，是不是游客选择去千岛湖的一个原因？又比如，人均收入的提升会不会让两个城市的游客数量都增加？G20 的效应会不会带动杭州西湖的游客数量？……在不同的材料之间建立联系，寻找材料与材料之间的联

系，进行互证式的阅读和分析，无疑强化了学生的分析水平，提高了学生的思维层次。】

四、拓展升华，深化概念

师：你想过这些数据是怎么来的吗？预设：如统计门票数量。

师：杭州西湖不收门票，这数据又是怎么来的呢？出示阅读材料《数人头》。（材料略）

师：你读懂这样的方法吗？你对这样的方法有什么评价？

师：一起了解大数据。

【设计意图：初步感知大数据的取得，以及大数据的意义，增进学生学习统计的兴趣，体会到在数据足够大之后，各种社会现象可能会呈现出一定的统计规律，从而通过分析数据，我们可以做出更加准确、合理的预测和决策。】

【教学反思】

1. **从知识技能的查漏补缺走向落实统计的基本素养**

与"数与代数""空间与几何"相比，小学阶段"统计与概率"部分所涉及的知识点要少一些，知识与技能方面的要求都不会太高。在总复习阶段，我们的目标不仅在于巩固基础知识与基本技能、查漏补缺，更需要重视学生数据观念的培养，提高学生应用统计方法思考和解决现实问题的意识和能力。本节复习课中，每一个环节的设计都指向学生统计素养的培养，包括整理数据的操作能力、分析数据的逻辑思维能力以及通过整理与分析数据开展合理推断和预测的能力。最后的自主阅读环节，更结合当前流行的"大数据"，激励学生重视统计，增进学习兴趣，在感情上进行了升华。

2. **从解决"应用问题"走向培养数据分析观念**

数据分析观念是基础教育阶段数学核心素养的重要内容之一。数据分析观念绝非等同于计算、作图等简单技能，而是一种需要在亲身经历的过程中培养出来的对数据意义的"领悟"，知道并能够经由一组数据的处理，联想推测到重要的、有用的信息，进而对统计与概率独特的思维方法和应用价值有初步的认识。本节课精心设计了12个学习材料及相关问题，这些问题不是单纯培养学生列式解决应用题的能力，而在于帮助学生形成初步的数据分析观念，提高学生数据分析和挖掘处理的能力。通过课堂上对这些材料的综合处理，让学生了解到：现实生活中，许多问题可以先做调查研究、收集数据，通过分析数据、互证互照，综合做出判断、推测，体会到数据中蕴含的信息，而同样的数据也可以有多种分析方法，需要根据实际背景选择合适的方法。

3. **从简单读图走向发展高阶思维**

高阶思维是发生在较高认知水平层次上的心智活动或较高层次的认知能力，如分析、综合、评价、创造等，主要体现在问题求解、决策、批判和创新的过程中。这节课基于问题驱动的手段，通过问题的精心设计，始终把发展高阶思维作为教学目标之一。如让学生说一说"哪一年,浙江省内高速五一小长假车辆通行数量增长得最多?比前一年多百分之几?猜一猜可能是什么原因"。学生解答这样的问题,需要经历阅读、推理、概括、联想等思维过程,而在解答问题的过程中,还能体会到不仅要关注直接材料中的数据,还要和周围其他信息进行联系、综合分析。又如,"预测2016年五一小长假千岛湖和杭州西湖的游客数量可能是多少万人?说一说你的理由"。学生不是凭空的猜测、泛泛议论,而是经历在学习材料中寻找论据,充实自己的论点和论证的一个过程。这样的学习过程促进了学生的深度参与,发展了高阶思维能力。

小结

教师在教学中,不仅要使学生意识到数据在现实生活中的必要性,而且还要发挥自身已有的创造性,使具有抽象性的数据能与学生已有的知识结构产生实质意义上的融合,使学生的数据分析观念能够得到充分的培养。综上所述,要想培养数据分析观念,应当在各种各样的现实问题中,做到带动学生亲身体验数据收集的过程,并且在之后使用合适的分析方法对数据进行合理分析,达到使学生学会用数据分析来解决现实生活中遇到的各种疑难困惑,并且使学生的数据分析及其应用能力得到大幅提升,真正发挥数据分析应有的作用。然而培养学生的数据分析观念不是一朝一夕就能达到的,也不是教师强硬灌输给学生,学生就能学会的,而是应当通过使学生亲身经历问题解决的全过程,来更好地培养学生的数据分析能力,使学生能够形成一种事实为先、数据为重的科学观念,为学生以后的学习生活打下基础。

6 核心素养下中小学生运算能力的培养

在这个信息和数字全球化的时代，拥有基本的数学素养——运算能力是现代社会公民的一项基本要求。数学学科最基本的能力之一就是运算能力，这是继续学习数学和其他能力的基础，也是自我发展的必要素质。换句话说，学生需具备合理、正确、快速的计算能力，它对提高学生的思维品质、培养学生的数学思维能力和探索创新能力具有重要作用。[①] 运算能力并不是单独存在的，在培养学生数学能力的过程中，运算能力是与观察力、理解能力、记忆能力、推理能力密切相关的。它们相互渗透，协调发展。运算能力不是单一的数学能力，它是计算技能和逻辑思维能力的独特结合。这一观点是曹才翰先生在《中国中学教学百科全书（数学卷）》（1991年版）中提出的。

6.1 "运算能力"核心素养的内涵

《义务教育数学课程标准（2011年版）》解释说："运算能力主要是指能够根据法则和运算律正确地进行运算的能力。"也就是说，运算能力不仅要求学生能够掌握实际需要的简单计算，而且要求学生在理解算法的基础上进一步提升。这里"运算能力"作为一个核心概念被提出来。该标准要求将运算能力的培养放在重要位置，同时注重其实用性，具体体现在以下三个方面：运算操作可以正常进行、充分理解数学原理、在操作过程中可以实现合理简单的算法。

根据章士藻在《中学数学教育学》中的观点，运算能力是根据规律、公式等进行正确计算的能力。按照条件寻求合理简单的操作可以理解算理。简洪权指出，数学运算能力包括三个方面：通过概念、定律、定理和公式正确变形和运算对数和公式的能力；[②] 通过对已知条件下问题含义的分析，探索设计合理简单的操作方式的能力；能够根据特定要求估算数据并进行正确计算。罗增儒认为运算能力意味着计算技能和逻辑思维。《义务教育数学课程标准（2011年版）》指出："培养运算能力有助于学生理解运算的算理，寻求合理简洁的运算途径解决问题。"

虽然关于运算能力有许多不同的表达方式，但它们也在寻求共同点。根据所有学

[①] 杨爱霞. 初三学生数学运算能力研究 [D]. 苏州：苏州大学，2009.
[②] 陆之萱，王卓亚，徐旭. 对于中小学生运算能力的研究 [J]. 神州，2018（24）：189.

者的说法，我认为运算能力是操作技能和数学思维的结合。它主要是指我们可以根据概念、公式、定律、定理等对运算对象进行正确的运算。在理解运算和计算原理的基础上，运用数学思维方法寻求合理的运算方式，从而灵活地解决问题。

6.2 "运算能力"核心素养研究现状

数学教育领域著名的国际权威学者——荷兰数学家和数学教育家弗赖登塔尔（Freudenthal），认为"再创造"是数学教育方法的核心，这类似于我们所说的"发现方法"。弗氏的观点是每个学生都可以在一定的指导下通过自己的实践获得这些知识，数学实际上是常识的系统化。以"再创造"的形式进行数学教育是我们必须遵循的原则。在学生自身不断观察、比较和归纳的过程中，通过直觉和抽象的结合，提高了数学知识水平，掌握了数学技能和方法。这种知识和技能的获得是其他教学方法无法比拟的。[①] 换句话说，教师不应该直接向学生灌输各种规则和规律，而应该为学生探索计算方法的时间和空间创造合适的条件，让学生在实践过程中获得知识，从而让学生"再造"各种算法，发现相关规律。事实证明，只有这样才能获得最好的结果。

在培养学生运算能力的问题上，国外大部分地区都有较高的要求。例如，虽然英国不是十分注重处理复杂笔算问题，但它也非常重视培养心算和估算能力。日本在新修订的课程大纲中明确提出"计算的重复训练"，并在数学教学实践中实施。

数学在我国一直被认为是一门实践科学。从古代到近代数学，运算一直受到特别重视。隋唐时期的国子监和洋务运动中的同文馆都建有算学和算学馆，以满足修改历法和水利工程的需要。世界上最早系统叙述分数运算的书《九章算术》的主要内容即算法，在世界数学史上第一次出现负数及其加减算法也被记载在该书的"方程式"一章中。与今天的教学大纲相比，小学高年级的数学教学内容来源于书中的一些算术内容。"九章算术"的主要内容是术，一种可以在中国古代长期使用的计算工具——机械执行的算术。因此，书中的许多算法在今天可以很容易地转换成现代计算机语言。当今高度发展的计算机技术离不开中国古代数学对算法的重视，所以我们应该培养学生的算法意识。

运算教学在我国小学数学教学中一直受到高度重视。1963 年《全日制小学算术教学大纲（草案）》明确提出了小学数学"以四则运算能力为中心"的教学内容。[②] "数学"在 1978 年正式取代了"算术"，要求学生能够正确计算四则运算，同时能够根据数据的特点以及算术和运算性质的规律，更加合理灵活地进行计算。作为一名小学数学教师，除了让学生掌握整数、小数和分数的四种算术方法外，我们还应该致力于培养学生的计算能力，进一步培养学生的观察力、注意力和记忆力。

[①] 张洪霞. 小学数学计算教学策略研究 [D]. 长春：东北师范大学，2012.
[②] 王东岳. 新课标下小学生运算能力的培养研究 [D]. 武汉：华中师范大学，2013.

新课程标准指出：计算能力应该是小学数学教学中的一项重要任务。所谓"运算能力"是一种综合能力。它不是简单的加减乘除，而是一种从低到高的综合能力，它与观察力、记忆能力、理解能力、思维能力、推理能力等有关。

专家范新林表示，学生数字感的发展实际上是对数学表达式特征的全面把握，也就是说，学生在解决问题的过程中可以有简单计算的意识，也是最高层次的第三层内容。第一层是梳理算术规律和计算性质，第二层是灵活运用算术规律和性质进行简单计算。

北京教育学院的张丹老师认为学生计算的学习分为三个步骤：理解计算、形成方法和掌握技巧。① 也就是说，探索计算方法，理解计算原理，形成和内化计算方法，掌握计算方法。特级教师华应龙认为，在计算教学中，最重要的是现实生活实践，激发学生的学习兴趣。教学实际上是教师教学和学生学习的统一。

上述大部分研究集中在改变计算教学的概念上。理论上有许多成就，缺少的是计算教学模式和教学策略，可供借鉴的成果不多。

实际教学调查发现，在培养中小学运算能力的过程中，经常会出现以下问题。

（1）学生的学习态度不平衡，对数学的兴趣不强。

学生只想尽快完成作业，敷衍了事。学生根本不检查，或者依靠父母检查，并等待老师纠正。如果发现错误，才会检查并改正。由于这些不正确的态度，许多学生养成了计算后不检查的坏习惯。同时，粗心导致了计算过程中的一些问题：看错数或抄错数、加法忘进位、减法忘退位、加法误为减法、乘法误为除法等。这也是固定思维造成的错误。② 例如，在整数求和规则的应用中，当学生计算整数加法时，位对齐的关键点经常被忽略。

（2）学生基础知识掌握不牢。

核心素养对学生运算能力的要求之一是能够正确地进行计算，而确保运算能力的基础是牢固地掌握知识。基础知识掌握不好会导致学生在解决计算问题的过程中出现概念不清、定理不熟、性质不明、计算不准确等错误以及计算速度慢、准确度低。

（3）学生缺少运算技巧、计算方法不当。

遇到更复杂的操作，不能找到合理简洁的方法，也不能理性灵活地思考，导致一遇难题就捉襟见肘。例如，当学生学习有理数的加法和减法时，他们不知道如何使用交换律、结合律、分类加法和减法来使简化操作。又如，求解含分母的方程时，忽略了因数之间的运算；去掉括号时运算符号混淆，去掉分母时省略括号，使用分配律时分配不平等。做了很多练习，题海战术，但不注意知识点、方法、技能的总结归纳等。注重数量而不是质量，提高运算能力的效果不明显。

---

① 朱黎生. 指向理解的小学"数与运算"内容的教材编写策略研究［D］. 重庆：西南大学，2013.

② 李红梅. 小学生计算错误的原因及对策［J］. 新课程研究（上），2012（3）：131-132.

(4) 学生曲解题意。

不理解题意的快速解题会导致学生在惯性思维下混淆问题含义，找不到问题的考点，在文字语言转化为数学语言的过程中存在一定的困难。比如代数问题中很容易忽略隐含条件。数学概念的混淆也会导致理解错误，如"无根"和"增根"。例如，直角三角形一边的长是 3 cm，而另一边的长是 4 cm，就可以算出第三边的长度。错误的答案：$A=3$，$B=4$，三角形是直角三角形，第三边的长度是 5 cm。而正确答案是：当两个直角边是 3 和 4 时，第三边是斜边，长度是 5 cm；当一个直角边是 3 cm，斜边是 4 cm 时，第三边成为直角边。这个问题会错误是由于对问题理解不清楚和习惯性地认为第三边是斜边。

(5) 记忆的短暂遗漏。

当一个计算问题中有多个计算步骤时，学生对计算的短期记忆需求会导致一些记忆信息消失或被阻塞，从而导致诸如短期记忆缺失等问题。例如，连续退位减法忘记了退 1。如 1 000 − 777 会错解为 1 000 − 777 = 333，而 4 000 − 299 会错解为 4 000 − 299 = 3 711。这与不完整的存储和记忆密切相关。

(6) 不稳定的情绪。

中小学生渴望获胜，当他们遇到简单的公式时，很容易轻视或粗心大意；当他们遇到复杂的公式时，又很容易害怕和厌烦。例如，当小学生计算 $4 \times 25 \div 4 \times 25$ 时，大多数学生会瞬间产生 $4 \times 25 \div 4 \times 25 = 1$ 的错觉。他们不按操作规则操作，最后由于秩序混乱而出错。

小学生操作时，视觉感知数据和符号的计算公式。然而，根据小学生的身心发展规律，小学生对事物感知的主要特征是从对整体事物的一般和不准确的感知逐渐发展到对不同事物全面的更准确地感知。孤立的事物更容易吸引学生的注意力。他们看不到事物的主要特征以及事物不同部分之间的相互关系。大脑缺乏对操作完整性的理解。此外，计算本身枯燥无味，容易造成学生疲劳。当他们遇到相似的数字和符号时，他们会在看不清楚的情况下匆忙开始计算，从而导致计算顺序混乱、符号和数据错误。例如，将"+"写成"×"，将数字"86"写成"68"，将"168"写成"188"。

6.3 "运算能力"核心素养的培养策略

6.3.1 加强运算意识培养

一方面，教师应该在思想上给予更多的关注。从心理上讲，教师应该更加重视运算教学，采取更加有效的教学方法来提高运算教学质量，从而有效地提高学生的运算能力。另一方面，学生也应该在思想上更加注重运算。只有当学生心中足够重视运算时，他们才能在运算过程中更加细致认真，有效地提高运算的正确性，进而提高运算能力。

教师往往在思想上对运算能力教学的重要性认识不足。教师教学与应用的矛盾主要体现在两个方面：第一，科学性和规范性差，在操作教学中，对培养学生认真解决问题的习惯和规范化教育没有严格要求。第二，给学生布置作业和练习没有计划和针对性；特别是在学习的不同阶段，有些培训任务不能有计划、有层次、有针对性地设置。在教学中，教师应紧密结合其核心素养下倡导的生活现实和情感态度，摒弃运算教学的单一性和枯燥性。只有这样才能提高学生的运算能力，提高课堂教学质量。

学生忽视运算能力在他们思维发展中的重要作用，是因为学生对运算的学习目标、要求理解不到位。学生运算能力低的原因如下。

首先，它受学生感知能力的影响。学生对事物的感知和理解相对较一般和粗略，因此对于一些相似的数字，辨识度较低，容易产生错觉或计算错误。一些学生智力较好，但他们的自控能力差，不能集中精力上课或做作业。有些学生注重问题解决思维的分析，认为了解问题解决思维就足够了，而不会花时间规范运算。渐渐地，运算变得陌生，他们甚至形成了粗心大意的坏习惯。

其次，学生的固定思维会影响问题的准确性。《教育心理学》指出：刻板印象是让人们以相对固定的方式思考或解决问题。这是一种习惯性的心理准备状态。它是从以前的活动中产生的，既有积极的一面，也有消极的一面。旧运算法则对新运算法则的干预是小学生固定思维在计算中消极作用的主要表现，这将形成"累积误差"。例如，对"$3+4=?$"这个问题，许多高年级学生计算出12。这主要是因为乘法运算$3\times 4=12$在高年级学生的计算中更常见，所以当看到3和4时，会立即想到12，这是固定思维对计算结果的影响。

学生进行准确快速运算的一个重要保证是他们坚持不懈的意愿。只有每天坚持一定量的运算训练，学生才能逐渐养成良好的运算习惯。

6.3.2 提高运算兴趣

学生对数学学习不感兴趣，特别是在数学运算中，学生不愿意从数学理论中完全理解运算。他们认为数学运算复杂且难以理解，他们不愿意努力学习。结果，他们的操作能力越来越差。此外，教师的教学方法也存在一些问题，在讲解运算原理时不能激发学生的学习兴趣。例如，你掷出三个骰子，试图找出一个骰子没有出现在1或6的概率，教师通常只是在课堂上解释，而不是在课堂上进行演示实验。因此，学生对概率计算的理解只是纸上谈兵，不能激发学生学习概率计算的兴趣。

教师应在教学中使用多媒体。根据教学实践，教师让学生练习口语计算，提高学生的数学兴趣。还可以通过游戏、竞赛、小卡片等方法加强练习。这样可以有效激发学生的运算兴趣，同时培养良好的运算习惯。

6.3.3 加强算法算理及技巧教学

1. 加强算法算理教学

学生运算能力低的主要原因是学生对数学没有透彻的理解。因此,教师应该在课堂教学中加强算法算理教学,让学生对算法算理有一个透彻的理解。在加强概念、公式和规则教学时,注重知识生成的过程。为了帮助学生提高表达能力和记忆能力,学生可以在理解的基础上用自己的语言表达。为了提高学生记忆的效果,教师在教学中将旧知识与新知识相结合,并不断巩固和加强。注意区分概念、公式和规则之间的差异。

掌握运算原理是核心素养下学生运算能力的要求。运算原理与算法的关系:前者是后者的基础,后者是前者的体现。因此,在课堂上,教师应该让学生知道它们是什么和为什么。只有从根本上理解运算的原理,学生才能真正提高运算能力。以下方法可以用来加强算法算理教学。

(1) 创设情境。

抽象的、概念上较强的数学运算理论可以通过创设教学情境来具体化,从而降低学生的学习难度,激发他们的学习兴趣。

(2) 细化分解算理。

例如,在"两位数除以一位数的笔算除法"中,问学生:"有56根棍子,把它们平均分配给4个孩子,每个孩子能有几根棍子?"学生列出计算公式:56÷4。一些学生口头计算结果,但他们不知道如何写竖式。再问学生们一遍:"56根棍子,你们将如何分配它们?"学生们说他们先平均将50根木棍分成4捆,每捆10根,然后剩下1捆。教师接着问:"你是怎么写的?"学生们知道一捆棍子是10根,1必须写在十位上。教师再问一遍:"你想如何划分其余的部分?"学生说:"剩下的1捆木棍,加上原来的6根,总共有16根。平均分成4份后,每份是4根棍子。这时,个位上写4。"从分木棍的过程中,帮助学生理解二位数除以一位数的数学原理,创造性地指导学生将操作活动与竖式书写过程进行比较,使学生深刻理解数学原理,提高教学效果。

2. 加强计算技能教学

掌握操作技巧,操作合理简洁。在核心素养下,教师应注重学生操作技能的培养,以提高学生的操作能力。学生在遇到数学运算问题时,可以方便地选择合理简洁的运算方法,从而节省运算时间,提高学习效率。

在教学过程中,我们应该将数学思想渗透到具体教学中。为了提高运算能力,应在提高运算技能的同时促进思维的发展和形成。数学思想是数学的本质和灵魂。在数学教学中,通过数学思想的指导和数学思想的渗透,可以帮助学生进一步理解算法,从而开发他们的智力,让学生也能体会到数学思想的魅力。函数理论与思想、化归思想、数形结合、方程思想、分类讨论思想等都是常见的数学思想。在数形结合思想的渗透和转化过程中,降低了学生运算的难度,增强了学生知识的深度和灵活性。

总之，运算能力是学生发展不可或缺的学习能力，算术能力的培养应该贯穿数学课堂教学的全过程。在课堂教学中，教师应整合思维能力和计算技能，使学生能够更好地掌握计算技能，全面提高学生的运算能力、学习能力和研究能力，为学生的可持续发展注入持续的活力。

6.3.4 培养运算习惯

培养学生良好的运算习惯显得更为重要。许多不良的运算习惯是在小学阶段形成的。学生懒得写，依赖心算。这些坏习惯会在一定程度上影响运算的速度和准确性。因此，要培养学生良好的操作习惯，我们可以从以下几个方面着手。

1. **培养学生认真审题的习惯**

在具体的运算过程中，由于学生对问题的粗心理解，很容易在运算中出错。学生没有清楚地看到问题的含义或问题中的数字，导致了不应该出现的运算错误。因此，在运算前仔细检查问题并提取有效信息是非常必要的。

2. **培养细心计算的习惯**

在使用草稿纸的时候，建议把草稿纸划分区域，方便检查。学生在运算过程中，经常会出现字迹模糊或不清导致的运算错误。因此，培养学生细心运算的习惯尤为重要。

3. **规范解题，提高运算能力**

在教学过程中，应该对学生进行教学和监督，使回答问题标准化，这样学生就不会做无用的工作。特别地，当学生接触到一种新类型的问题时，应养成标准化解决问题的习惯。只有规范日常学习中的回答问题习惯，学生才能在考试中做到"会的都对"。

4. **养成验算的习惯**

验算是确保运算正确的重要手段。在日常教学过程中，数学教师必须提醒学生在运算后检查验算。通过数学教师的长期要求，学生养成验算习惯，从而无形中提高运算能力。

6.3.5 加强对比训练

加强运算培训。通过培训帮助学生掌握相关的运算方法，从而形成灵活的计算技能。

1. **加强学生口算和心算的训练**

提高数学运算能力的表现之一是提高问题解决的速度。适当提高口头和心理计算的速度和准确性可以帮助学生获得更多的思考时间，从而在遇到难题时提高做对的概率。

2. **加强基本技能和技巧的训练**

为了提高运算能力，可以有计划、有目的地进行严格训练。严格的培训可以保证高质量、高效率，要求学生在实践过程中做到正确、快速、合理。通过提高计算技能和技巧，可以提高运算的速度和准确性。通过精心设计问题，加强思维训练，灵活运用算法。

3. 运算方法多样化

《义务教育数学课程标准（2011年版）》指出：教师应尊重学生的想法，鼓励学生独立思考，提倡计算方法的多样性。当学生从不同角度总结算法并进行比较时，教师应该加以鼓励。

教师计算教学中要向学生传达估算的意识和方法，这在运算教学中的地位不可小觑，因为必要的估算能力可以促进学生发展数感。教师对学生进行有效的估算指导可以使学生养成估算的习惯，通过解题中的估算避免错误，最大限度地降低错误率。

归纳总结和错误分析也非常重要。归纳总结是对解题思路、方法、技巧的提炼过程；错误分析可以让学生发现自己的错误，避免以后犯同样的错。

6.4 "运算能力"核心素养培养教学设计案例

【教学内容】"乘法分配律"①，选自苏教版《数学》四年级下册第54～55页。

【教学目标】

1. 知识与能力

在探究过程中，发现乘法分配律，并能用字母表示；会用乘法分配律进行一些简便运算。

2. 过程与方法

通过探究乘法分配律的活动，进一步体验探索规律的过程；经历共同探索的过程，培养解决实际问题和数学交流能力。

3. 情感态度与价值观

在这些学习活动中，使学生感受到他们的身边处处有数学；增加学生之间的了解，同时体会到小伙伴合作的重要；在学习活动中不断产生对数学的好奇和求知欲，着重培养良好的学习习惯。

【课前思考】

乘法分配律是小学数学教材中的重点内容之一，是一节极其抽象的运算模型的建构课，具有较强的现实意义和较高的教学价值。学生在学习时往往仅停留于对算式形式上的观察和算法上的记忆，但对其算理并没有真正的思考和领悟，导致在应用中频频出现错误。所以重点思考在教学中如何借助形象的支撑建构乘法分配律这一抽象的

---

① 钱云娟. 循学而导探规律 系统建构促理解：《乘法分配律》教学设计（一）[J]. 小学教学设计，2021（Z2）：44-46.

模型以及如何突破乘法分配律的算理。

【教具准备】课件。

【教学过程】

一、问题导引，激活经验

师：乘法运算律用字母是怎样表示？我们是怎样研究并发现这些运算律的，能举例说说吗？

师：乘法中还有一种运算律。想一想，我们可以怎样研究？

【设计意图：儿童真正的学习，不是在白纸上的全新书写，而是一种激励（学习兴趣）、一种唤醒（学习经验）、一种生长（学习能力）。课伊始，便利用问题串驱动学生思考，引导他们主动回顾已经学过的乘法交换律和结合律。这些知识、方法与经验，不仅可以为探索新知找到生长点与延伸点，也能为研究新的运算律提供合理猜测的依据，更为进一步探索新知做好了铺垫。】

二、活动导引，探索发现

1. 创设情境，引出问题

师：为丰富同学们的知识、拓展阅读的视野，学校阅览室准备扩建啦！（出示课件）通德桥小学的阅览室是一个长方形，原来长6米，宽4米。扩建后，宽不变，长将增加3米，扩建后阅览室的面积有多大？（见图6-1）

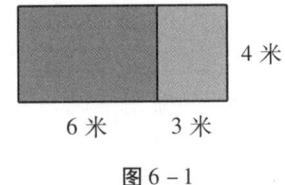

图6-1

2. 自主探究，交流解法

师：求"扩建后阅览室的面积有多大"可以怎样想？先自己思考，然后有条理地说一说思考的过程。

师：同学们就这一问题进行了深入的思考，下面在四人小组里交流解法。如果出现不同的见解，可以尝试讨论、协商，实在说服不了对方，可以求助教师或者待会儿全班交流。

师：现在请小组代表到讲台上来给大家做展示和汇报。

预设汇报两种解法：

解法一：先求出扩建后阅览室的长，然后用扩建后阅览室的长乘以宽，就能求出扩建后阅览室的面积，列式为（6+3）×4。

解法二：先分别求出原来阅览室的面积和扩建阅览室的面积，然后再把两部分面积相加，列式为6×4+3×4。

3. 初步理解，说理表达

追问：这两个式子相等吗？说说你的理由。

预设汇报两种理由：

第一种从数形结合的角度：从图中可以看出，扩建后阅览室的面积既可以直接用长乘以宽求得，也可以分别求出原来阅览室的面积和扩建阅览室的面积再相加，它们解决的问题相同，因此可得 $(6+3)\times 4=6\times 4+3\times 4$。

第二种从乘法意义的角度：第一个式子表示9个4，第二个式子是6个4加3个4，一共也是9个4，所以这两个式子是相等的，即 $(6+3)\times 4=6\times 4+3\times 4$。

小结：因为这两个式子的结果相等，所以能写成等式，即 $(6+3)\times 4=6\times 4+3\times 4$。

4. 观察比较，初探规律

师：观察比较等式的左右两边，它们有哪些相同点和不同点？

预设汇报三个方面：

第一个方面是涉及的运算和运算顺序：相同点是都包含加法和乘法两种运算。不同点是运算顺序不同，左边计算时先算加法，合起来以后再乘；右边计算时分别先算乘法，再相加。

第二个方面是涉及的数：相同点是都用到了6、3、4这三个数，其中4在左边算式中出现一次，在右边算式中出现两次。

第三个方面是结果相等。

小结：在解决问题的同时还得到了一个有趣的等式。说它有趣，是因为运算顺序不同，数据虽然不一样，但最终结果却一样。

【设计意图：数形结合，让规律探索变得清晰可见，让规律理解路径变得丰富而充满挑战。著名数学家华罗庚曾说过，"数缺形时少直观，形少数时难入微；数形结合百般好，隔离分家万事休"，深刻揭示了"数"与"形"之间的辩证关系，用"形"辅"数"，以"数"解"形"。《义务教育数学课程标准（2011年版）》还强调：避免将运算与应用割裂开来。人们在日常活动中几乎天天遇到各种各样以计算面貌出现的实际问题，运算能力是每个公民不可或缺的基本数学素养之一。由此，创设问题情境"扩建后阅览室的面积有多大？"引导学生运用之前所学的画图策略表述条件与问题，不但培养了学生对数学材料形式化的观察能力，同时也能直观感知到可以用"图形"来表示"数字"，体悟到"数"可以用"形"来刻画。这一过程让学生的探究先发生，在探究中发现疑点与难点，教师适时、适度进行引导，从"数形结合"思想以及"乘法意义"两个不同的角度理解算理、说明算理，既是对乘法分配律的初步概括，借此培养运算能力，也有利于学生感受探索数学规律的一般过程。】

三、算理引导，建构模型

1. 算理引导，激发思考

师：学习要回头看，善于反思。回顾刚才解决问题的过程，可以列式成 $(6+3)\times 4$，也可以列式为 $6\times 4+3\times 4$，这两个算式的结果都求的是9个4。我不由得思考 $4+4+4+4+4+4+(4+4+4)=9\times 4$，即6个4加3个4等于9个4。那9个4还能表示成几个4加几个4呢?

师:有同学说4+4+(4+4+4+4+4+4+4)=9×4,即2个4加7个4也等于9个4,从而可以得到等式(2+7)×4=2×4+7×4。太好了!这里的加数4还能用哪个数来代替?加数的个数能换成几个?你能说出符合这样特征的其他等式吗?试一试。

2. 试图说理,形成表象

师:同学们的思路一下被打开了,说出了很多符合这样特征的等式。可这样的等式说得完吗?

师:符合这样特征的算式,会有不相等的情况吗?

3. 小结归纳,初建模型

师:根据乘法运算的意义,4+4+4+4+4+4+(4+4+4)=9×4,即6个4加3个4等于9个4,这样的合并无论相同加数是多少、有几个,都是成立的。既然"想明白"了,就无需再多举例。

师:如果用字母a、b、c分别表示三个数,这样的等式可以怎样表示?

师:我们得到了$(a+b)\times c=a\times c+b\times c$,即两个数的和乘另一个数,可以先把这两个数分别与另一个数相乘再相加,结果不变。这就是我们今天研究的运算律:乘法分配律。

【设计意图:计算教学的关键是算理理解。本课虽为规律探索,但其间却充盈着对算理的深刻理解与全面认识。小学生的思维特征是由形象思维逐步过渡到抽象逻辑思维。这种抽象逻辑思维仍然与感性经验有关,要通过较为丰富的具体实例,逐步抽象、概括得到结论。学生对乘法分配律有了初步感知后,教师对乘法分配律的"算理"没有止步,而是进一步把乘法与加法联系起来,用加法的意义说明乘法分配律的算理。学生理解了,能表达了,会举例了,真正"懂"了。在"算理"面前,学生更加充分地感知规律,体会规律的普遍适用性,完成了对乘法分配律的主动建构。这样,在用好直观手段的同时,选用其他方式辅助说理,有利于学生从"现实"与"直观"两方面获得对计算实例及其算理解释的理解支撑,多渠道地促进推理与表达;又有利于学生积累丰富的数学活动经验,深刻体验归纳数学结论的过程和方法,发展数学思维能力。】

4. 变式关联,强化模型

师:我们再想想,9个4还能表示成4+4+(4+4+4)+(4+4+4+4),即2个4加3个4再加4个4,所以可以写成等式$(2+3+4)\times 4=2\times 4+3\times 4+4\times 4$。

师:9个4也能表示4+4+4+4+4+4+4+4+4+4+4-(4+4),即11个4减2个4,所以写成等式$(11-2)\times 4=11\times 4-2\times 4$。

师:能把刚才自己说的等式像老师这样再说一说吗?你有什么发现?

小结:看来乘法分配律中的加数可以是3个、4个,甚至更多,所以字母式还可以表示成$(a+b+\cdots+f)\times c=a\times c+b\times c+\cdots+f\times c$。乘法分配律不仅可以在加法中

使用，减法中也有乘法分配律，用字母可以表示为 $(a-b)\times c = a\times c - b\times c$。

5. 巩固练习，内化理解

师：到检验同学们掌握情况的时候了。请做一做下面的练习，先判断，并说明判断理由。（课件出示）

横着看，在得数相同的算式后面画"√"。

$(28+16)\times 7$	$28\times 7+16\times 7$	☐
$15\times 39+45\times 36$	$(15+45)\times 39$	☐
$74\times(20+1)$	$74\times 20+20$	☐
$40\times m+50\times m$	$(40+m)\times 50$	☐
$125\times 4-25\times 4$	$(125-25)\times 4$	☐

小结：不论乘数是数字还是字母，都要仔细找准相同的乘数，辨清是哪两个数，再和这个相同的乘数分别相乘，才能依据乘法分配律等价转换。

【设计意图：教学的过程是师生互动的过程，教师手中是已知的教材，面对的永远是学生未知的答案。在未知和已知转化的过程中，教师要巧妙地挖掘其中的资源，通过分析、比较，学生自我探索、自我体验等方式，形成又一次新的学习，并引导学生主动加深对知识的理解和建构。在学生掌握乘法分配律后，教师循理入法、以理驭法，再一次引发学生的思维风暴，"我们再想想，9个4还能表示成 4+4+（4+4+4）+（4+4+4+4）…"，直指乘法分配律的内涵与外延，引领着学生的思维逐步走向深刻。】

四、以新导旧，系统理解

师：其实大家在之前的学习中早已接触过乘法分配律。例如：在三年级学习长方形的周长计算，长方形的周长 =（长+宽）×2，也可以用 长×2+宽×2；又比如在乘法计算中，口算 23×3，先算 $20\times 3=60$，$3\times 3=9$，再算 $60+9=69$，这就是把23看作 $20+3$，再应用乘法分配律进行计算。知识之间，就是这样相互联系着，你中有我，我中有你。

【设计意图：学导课堂，最讲究用系统的眼光来思考和认识。本环节中，巧借今天的算理来解释之前所学的知识，既加深了对乘法分配律的理解，又为进一步沟通知识之间的联系做足了文章。】

五、全课小结，延伸拓展

师：这节课我们研究了乘法分配律，你还有别的发现或疑问吗？学习乘法分配律有什么用？

【教学反思】

乘法分配律是一节比较抽象的概念课，是学生学习了加法交换律和结合律，以及乘法的交换律和结合律的基础上进行教学的。本节课的教学重点是乘法分配律的特点和应用。开始导入时我利用问题串来驱动学生思考，引导他们主动回顾已学过的乘法交换律和结合律,再创设出情境使他们利用这些知识经验来探索新知。

1. 让学生从生活实例去理解乘法分配律

通德桥小学的阅览室是一个长方形,原来长6米,宽4米。扩建后,宽不变,长将增加3米,扩建后阅览室的面积有多大?

根据教材,通过引入解决问题让学生得到两个算式。先说明其意义,再突显其表现形式。

如(6+3)×4其意义就是9个4,与6×4+3×4所表示的6个4再加3个4也就是9个4,它们表示的意义一样。因此得数也一样,故成等量关系。然后观察它们之间的形式变化特点,两个数的和乘以一个数可以写成两个数的积相加的形式,再抓住因数的特点进行分析。

借助对同一实际问题的不同解决方法让学生体会乘法分配律的合理性。这是生活中遇到过的,学生能够理解两个算式表达的意思,也能顺利地解决两个算式相等的问题。

2. 突破乘法分配律的教学难点

让学生亲历规律探索过程。对于探索规律的过程价值,丝毫不低于知识的掌握价值。既然是"规律定律",就是让学生亲历规律形成的科学过程,不着痕迹地让学生不断观察、比较、猜想、验证,从而概括出乘法分配律,在探索、归纳过程中,渗透着从特殊到一般,又由一般到特殊的数学思想和方法。

相对于乘法运算中的其他规律而言,乘法分配律的结构是复杂的,等式变形的能力是教学的难点。为了突破这个难点,从生活中的实际问题出发,开放引入的情境:阅览室扩建,长多加3米,宽不变。现在阅览室的面积是多少?

学生主动去设计、解决,调动学生的主动性,通过发现、猜想、质疑、感悟、调整、验证、完善,验证其内在的规律,从而概括出乘法分配律。让学生能自由地利用自己的知识经验、思维方式去尝试解决问题,在探究这一系列的等式有什么共同点的活动中。在学生已有的知识经验的基础上,一起研究抽象的算式,寻找它们各自的特点,从而概括它们的规律。在寻找规律的过程中,有同学是横向观察,也有同学是纵向观察,目的是让学生从自己的数学现实出发,去尝试解决问题,又能使不同思维水平的学生得到相应的满足,获得相应的成功体验。

当然,对乘法分配律的意义还需做到更合理解释,那就更有利于模型的建立。

小结

提高学生的运算能力是一项系统工程,运算能力的培养不是一蹴而就的。在过去很长一段时间,中小学数学教师对于学生运算能力的提升虽然较为重视,但所采取的教学策略往往呈现一定的低效性,不利于提高学生的运算能力。希望上述策略的提出可以帮助学生更加稳步、快速地提升自身的运算能力。

7 核心素养下中小学生推理能力的培养

我们都知道,学生不是天生就会数学的,也不是天生具备数学推理能力,这些都是在后天的学习过程中通过各种途径慢慢培养出来的。美国数学教育教授尼斯(Mogens Niss)认为,掌握数学可以在不同数学情景下使用数学。以前的教育只是单纯地关注学生推理能力的培养,现在新课标要求数学老师在数学核心素养下共同面对、关注和研究怎样有效快速提升学生的推理能力,并以此为教学目标之一。推理能力是学生数学素养的重要标志之一,推理能力影响着学生的数学学习效果,培养学生推理能力是数学教学的重要任务。①

在数学学习中,运用推理方法解题是数学解题的基础和重要思想方法,推理思想由始至终都贯穿于整个数学学习阶段,主要应用在几何、数与代数、概率与统计、实践与综合应用等方面。比如,在教学平行四边形的面积计算公式时可以利用学过的长方形面积计算公式来推导。数学推理具有很强的严谨性、逻辑性,可以帮助我们在研究中去伪存真,并且能厘清数学问题中的千头万绪,保证我们在这个基础上得出数学结论的精准性,②因此我们可以通过正确的推理探索出新的规律。

培养学生的推理能力有助于实施创新教育和培养创新人才。③很多老师在进行数学教学活动的时候只关注或者大部分关注教材内容的传授,学生的推理兴趣没有得到激发,长期下去,学生只会习惯从老师和课本上获得知识,这样不仅限制了学生能力的发展,还让学生在数学学习上提不起兴趣。推理能力数学核心素养的培养可以提高学生的数学思维和构建数学模型的能力,有利于培养学生科学严谨的态度,增强学生之间的交流能力和辩证能力,提升学生的学习效率,加速对课堂内容的理解,对所学知识内容做到刨根问底、举一反三,培养学生善于思考的精神。推理能力不仅对数学学科有重要意义,也有助于其他学科的学习,还有助于帮助我们解决日常生活中遇到的某些困难。一个推理能力强的人在遇到困难或危险时,大多情况下能够冷静地分析问题,根据所得的信息独立自主地解决难题。

---

① 张霞. 数学教学中培养学生推理能力的策略探研 [J]. 成才之路, 2019 (1): 44.
② 沈科. 基于数学核心素养的小学生推理能力培养 [J]. 数学教学通讯, 2018 (1): 7-8.
③ 张绍康,陈劲. 培养学生推理能力的意义与途径 [J]. 昭通师范高等专科学校学报, 2007 (5): 72-76.

7.1 "推理能力"核心素养的内涵

《义务教育数学课程标准（2011 版）》指出："推理能力的发展应贯穿于整个数学学习过程中。推理是数学的基本思维方式，也是人们学习和生活中经常使用的思维方式。"[①] 推理是指由一个或多个已经知道的判断或真理得出另一个新判断或真理的思维过程，是一种常用的思维方式，一般可分为合情推理和演绎推理两大类。合情推理顾名思义就是"合乎情理"的推理。在数学研究中，合情推理常常能为我们提供证明新结论的思路和方向。演绎推理指由某类前提一定能推出某类结论的过程，即从已知的真理中抽取出它所包含的真理，由亚里士多德最先进行系统性的研究和应用。

《普通高中数学课程标准》中提出了数学抽象、逻辑推理、数学建模、数学运算、直观想象、数据分析六大数学核心素养，小学阶段低年级的学生的思维特点比较直观形象、浅显，不够深入，缺乏灵性，独立思维能力不强，考虑问题只是停留在表面。大部分学生的推理都是从自己"想当然"中生发的，所以，在小学阶段用的更多的是合情推理，许多概念的形成、公式的得到都离不开合情推理。作为小学数学教师，一定要重视合情推理，加强学生推理能力的培养。在皮亚杰的认知发展阶段理论中第四阶段形式运算阶段（11~16 岁），学生已具有抽象逻辑思维、补偿性的可逆思维和思维的灵活性，从这里不难看出初中阶段刚好是推理能力形成和发展的关键时期。要想提高初、高中生的思维水平，就要在促进学生逻辑思维能力发展的同时，注重对他们推理能力的培养。

7.2 "推理能力"核心素养的研究现状

推理能力作为学生学习必须要掌握的数学能力的一部分，不管是国内的数学教育还是国外的数学教育，都将其作为培养学生数学能力的一个重要目标，培养和提高中小学生数学推理能力已经成为各国的共识。

1963 年，"加强练习，培养学生正确而迅速的计算能力、逻辑推理能力和空间想象能力"在《全日制中学数学教学大纲（草案）》中首次被提出，这也是第一次明确提出"推理能力"的培养要在教学过程中体现。[②] 1988 年确立了"数学教学中，发展逻辑思维能力是培养能力的核心"。其中，"能够运用归纳、演绎和类比的方法进行推理"这句话体现了"推理能力"的方法。2001 年，教育部颁布的《全日制义务教育数

[①] 中华人民共和国教育部. 义务教育数学课程标准（2011 年版）[M]. 北京：北京师范大学出版社，2012：14.

[②] 中华人民共和国教育部. 全日制中学数学教学大纲（草案）[M]. 北京：人民教育出版社，1963：5.

学课程标准（实验稿）》要求学生在学习过程中能够通过发现规律、联系旧知、归纳验证等步骤来获得猜想，并做到口齿清晰地表达自己得出数学猜想的思考过程和论证过程，这意味着推理能力首次被单独提出。随后，"数学核心词"的定义在《义务教育数学课程标准（2011年版）》中首次被明确提出，还提出了"数感、符号意识、空间观念、几何直观、数据分析观念、运算能力、推理能力、模型思想、应用意识以及创新意识"总共十个"核心词"，这比2001年版的实验稿增加了4个核心词，不变的是，推理能力被作为义务教育阶段数学课程的核心和重要的数学能力，继续被单独提出，而且强调了推理能力的发展要贯穿整个数学学习过程。近几年，我国各大高校的数学教授和有关部门基于《义务教育数学课程标准（2011年版）》所提出的十个"核心词"，并结合数学核心素养的概念重新建构了一个体系，即我们现在经常提到的"数学核心素养体系"，这一体系和2017年核心素养版《普通高中数学课程标准（征求意见稿）》都直接明了地体现了推理能力是数学核心素养的重要组成部分之一。总而言之，国内在1963年首次把中小学生推理能力的培养与研究列入数学教育目标之后，推理能力从作为思维中的一部分到逐步被独立出来。

相对于我国对"推理能力"核心素养的研究现状，美国在1989年颁布的数学课程标准《学校数学课程与评价标准》中提出的"四个数学能力目标"，其中就包括了培养推理能力目标，这是美国数学课程改革中第一次明确提出把推理能力作为数学教学能力目标。[①] 2000年，美国数学教师协会（NCTM）对1989年颁布的《学校数学课程与评价标准》做了修订，发表了新的数学课程标准——《学校数学的原则和标准》，这个新标准提出了"培养学生的推理与证明能力，就是引导学生承认推理和证明是数学的本质和有力的部分"。此后，美国数学教育的专家在意识到了数学的学习最需要的就是找到本质和规律，而要找到数学本质，推理思想和推理能力必不可少，所以，在经过激烈且漫长的讨论之后，他们得出了统一结论，就是培养学生的"推理能力"核心素养不仅是重要的而且是迫不及待的。这足以证明进入21世纪之后，不管是中国的数学教育还是其他国家的数学教育，亟须解决的问题之一都是学生推理能力和核心素养的培养。

7.3 "推理能力"核心素养的培养策略

7.3.1 情境导入策略

一堂课的开头是学生精神最饱满、思维最活跃的时候，也是接受知识的最佳时机，所以要培养中小学生的推理能力，教学导入必须要具有"推理性"。设置适合的导入情境可以从以下三方面入手。

---

① 向玉琴，刘英健. 美国小学数学教学的基本特征 [J]. 山东教育，1998 (Z3)：59-60.

1. 善用生活中的推理素材，关注学生的直接经验

培养学生的推理能力不能脱离生活，每个学生在成长过程中都积累了一定的常识，而且也有自己的判断。比如低年级的小朋友拿着一张5块钱去小卖部买个5毛钱的东西，虽然不会列式，也没学过单位换算、整数减小数的知识，可是他们知道老板要找回4元5毛，这种基于自身经验的知识经常发生。因此，教师要充分重视学生的直接经验，让学生在教学情境中联系自身经验，这样便于让学生理解和掌握新知识。教师可以在课堂上多鼓励学生关注生活，挖掘生活中的推理素材，这样学生既遵循了实践与理论相结合的原则，又提高了实际应用能力。

2. 教师要善于挖掘教材中的推理素材，设计巧妙的问题情境

数学教材中存在着大量合情推理的素材，利用这些素材设计巧妙的问题情境，设下悬念，激起学生的求知欲，为培养学生合情推理能力营造良好的氛围。教师不必拘泥于教材的内容和形式，而是应该依托教材，结合学生的实际情况，增加与课本知识内容有关的推理性内容。

3. 教师要营造良好的推理氛围，注重逻辑推理知识的渗透

一个毫无生气的课堂，一个自说自话的教师，永远是提不起学生的学习激情的，所以，教师在上课时就要想办法把课堂的推理氛围营造起来，感染学生。

7.3.2　课堂提问策略

课堂提问最能体现一节课的教学水平，是一节课不可缺少的重要部分。课堂提问不仅会影响整个课堂的教学进度和效率，更重要的是会影响学生的学习动机、学习积极性和思维能力。因此，我认为基于"推理能力"培养的提问策略可以从提问语言、提问设置和候答时间三方面进行考虑。

提问语言要有规范性、准确性、简洁性和鼓励性。提问不仅是教师的问和学生的答，更多的是语言交流对话和非语言交流对话的语言教学艺术。教师在提问数学问题时应该要表达清楚，在教学过程中提问语言不要啰唆重复，啰唆的语言会让学生产生厌烦感，令学生失去听课的兴趣，诱发学生的不良情绪。提问的问题也不要出现词不达意、语义有分歧的情况，如果学生在同一个问题里面听出了两三种意思，不仅对课堂解决问题有影响，还会影响他们的审题和分析问题的能力。另外，书面语言也是师生课堂提问交流的一种，教师的板书一定要布局合理，板书内容要呈现高度概括性和精炼性，好的书面语言可以让学生更快地集中注意力，抓住学习要领。教师的规范语言除了对学生起着潜移默化和示范性作用外，还有利于学生在耳濡目染中养成严谨的推理习惯，获得发展推理能力所需的知识或者技能。另外，当学生回答完毕要给予其中肯而明确的评价，肯定好的方面，指出需要改进的地方，鼓励学生。

提问设置既要体现主体性原则，又要呈现层次性原则。首先，问题的设置应该从学生的实际出发，遵循新课标中"以学生为本"的宗旨，教师要在课前认真研读教材，结合所教学生的身心特点、认知水平和思维发展等情况，设置能引导学生进行推

理的问题。有些学生的思维比较活跃，想法比较独特，在回答问题时可能会富有推理性或者创造性，不同于一般的机械套用解题方法，如果遇到这样的学生，教师不能中途打断其回答，而是要慢慢引导和启发他们。其次，问题的设计应该要有梯度性，提问的深度取决于问题层次的高低。所以，教师设计的问题要由浅入深、由易到难，提问的问题之间要有严密的逻辑性，然后一环扣一环、层层递进地向学生提问，促使学生的认知水平逐步加强，为后面推理知识的学习打下基础。如果教师提问的问题层次过高，超出了学生的认知水平，那么学生会听得一头雾水，且会觉得所学的知识太难，自信心受到打击，求知的欲望也会逐渐下降，由此会对问题产生畏惧心理，从而造成启而不发的后果。

提问需要等待。教师所提的问题是面向全体学生而不是个别学生的，班级里每个学生的认知发展水平都具有差异性，教师提问后应该要适当地停顿，给学生有充足的思考时间，一般理想的候答时间是 30 秒到 50 秒。

7.3.3　问题解决策略

数学问题是多样的，解答的问题也是多样的，不同的问题可以有多种解法。问题的解决其实就是找到一个与其一样的数学原理，是验证学生对知识掌握程度和提高数学能力的过程，也是发现与创造的过程。在解决问题过程中对"推理能力"的培养要经过学生提出猜想、拓展练习和解题方法这三个阶段。

首先，引导学生进行类比和猜想。在整个基础教育的数学学习阶段，很多知识点都是类似和相通的，如"整数的基本性质"与"分数的基本性质"、"整数加减混合运算"与"小数加减混合运算"、"长方形的面积"与"正方形的面积"等。学生学习的新知识很多都是在旧知识基础上进行的，教师在新授时可以通过语言或者导入环节引导学生联想类似的旧知识，然后与新知识进行类比推理，找出新旧知识的共同本质，鼓励学生进行大胆的猜想，在适当的时机引导学生利用已经学过的定理、公式和定义等旧知识进行推理，加快对新知识的理解。有了类比猜想意识之后，学生自然而然会触类旁通，达到了培养学生推理能力的目的。学生得出猜想之后，要马上利用已有的知识对猜想进行验证，推出数学实质之后进行概括，数学问题验证过程是最能锻炼学生推理能力的过程之一。

其次，布置的练习题要合理，有针对性，要能使学生在解决问题过程中提升推理能力。苏联心理学家维果斯基的认知发展观里提出了"最近发展区"思想和"教学应该走在发展的前面"论断，这为问题解决定下了第一步，即教师在实际教学中不要过低或者过高地估计学生的思维发展潜力，在设计题目时要着重分析学生的逻辑思维活动水平，只有题目的难度符合学生的实际思维水平，学生才会认真地思考题目。书本上设置的课后练习都是较为初级、简单的内容，对一些思维比较活跃的学生来说起不到提升的作用，所以教师或者学生要找一些难度适中，又可以锻炼思维的题目，如让学生准备一个逻辑推理训练的本子，定期或者不定期地布置推理训练作业。通过大量做题来培养逻辑思维能力也是有效的，思维能力提升了，推理能力自然也会得到提高。另外，教师在解决数学问题的教学中要擅于选择典型例题，分析题目要思路清晰，讲解的步骤要合理规范，最好向学生讲明可以怎样对问题进行变形和转化，总结解题方法，又是怎样用逻辑推理一步一步发现结论的。

还要熟练掌握常见的数学解题方法，学生通过掌握寻找解题途径的各种方法，可以达到发展逻辑推理能力的目的。除此之外，还要在课堂上向学生渗透推理知识，比如在"数与代数""空间与图形""统计与概率"等教学中培养推理能力，引导学生从简单的问题进行分析，找到现象本质，并进行大胆猜想，对于敢想的学生要及时给予肯定和鼓励，养成遇到问题就分析、猜想的习惯。

案例 1 "整式的乘法"中的第一课时"同底数幂的乘法法则"，在此之前学生已经学习了乘方的知识，所以这节课是学生在乘方的基础上学习的。具体的教学过程设计如下。

【知识重现】

师：同学们，在上新课之前，我们一起来回顾一下什么叫"乘方"？

生：求几个相同因数的积的运算叫作乘方。

师：根据乘方的意义，2^4 表示什么？$10 \times 10 \times 10 \times 10$ 可以写成什么样的形式呢？

生：$2^4 = 2 \times 2 \times 2 \times 2$，$10 \times 10 \times 10 \times 10 = 10^4$。

师：（面露微笑）同学们真棒，还记得我们上节课学习过的内容。下面让我们一起学习今天的新课"同底数幂的乘法法则"（板书课题）。请同学们看"问题 1"并列出式子（出示情境图）。

【新知探究】

问题 1：一种电子计算机每秒进行 1 000 万亿（10^{15}）次运算，它工作 10^3 秒可进行多少次运算？

生：列式为 $10^{15} \times 10^3$。

师：这个式子的两个因数有什么特点？

生：底数都是 $10^{15} \times 10^3$。

师：对，两边的因数都是以 10 为底。我们就把底数相同的幂叫作同底数幂。聪明的你们想一想 $10^{15} \times 10^3$ 等于多少。

生 1：100^{18}。

生 2：100^{45}。

生 3：10^{45}。

生 4：10^{18}。

师：同学们得出的答案有 100^{18}、100^{45}、10^{45}、10^{18}，到底哪个猜想是对的呢？回想一下我们之前学过的"乘方的意义"，看看能不能找到答案。

师：$10^{15} \times 10^3$ 等于 15 个 10 和 3 个 10 相乘，等于 18 个 10 相乘，结果得到 10^{18}。即 $10^{15} \times 10^3 = 10^{18} = 10^{15+3}$，所以 $10^{15} \times 10^3 = 10^{15+3}$。接下来，请同学们计算 $2^3 \times 2^4$ 和

$a^8 \times a^5$ 分别等于多少。（帮助学生认识同底数幂乘法的规律）

生1：$2^3 \times 2^4$ 等于3个2和4个2相乘，即7个2相乘，结果等于 2^7。

生2：$a^8 \times a^5$ 等于8个 a 和5个 a 相乘，即13个 a 相乘，结果等于 a^{13}。

师：同学们真厉害，利用我们学过的知识把上面的式子都算出来了。观察下面三个式子左右两边的底数和指数分别有什么关系。小组讨论1分钟。

$$10^{15} \times 10^3 = 10^{18}$$
$$2^3 \times 2^4 = 2^7$$
$$a^8 \times a^5 = a^{13}$$

生：左右两边的底数不变，左边两个指数和等于右边的指数。

师：同学们的眼睛真雪亮。请同学们再猜一下：当 m、n 都是正整数时，$a^m \cdot a^n$ 又该等于多少呢，怎样进行验证？

生：$a^m \cdot a^n = a^{m+n}$。

$$a^m \cdot a^n = \underbrace{(aa\cdots a)}_{m个a} \cdot \underbrace{(aa\cdots a)}_{n个a} \quad \text{（乘方的意义）}$$
$$= \underbrace{aa\cdots a}_{(m+n)个a} \quad \text{（乘法结合律）}$$
$$= a^{m+n} \quad \text{（乘方的意义）}$$

师：经过刚刚的验证，说明同学们的猜想是正确的。接下来，我们进行归纳总结。

师：$a^m \cdot a^n = a^{m+n}$（当 m、n 都是正整数），同底数幂相乘，底数不变，指数进行相加，我们把这个叫作同底数幂的乘法法则（教师板书，并让学生读三遍）。接下来我们用3分钟的时间做几道题目来巩固一下知识。

【随堂练习】

计算：(1) $a \cdot a^3$ 　　　　(2) $a \cdot a^2 \cdot a^5$

(3) $x \cdot x^2 + x^2 \cdot x$ 　(4) $(-2) \cdot (-2)^4 \cdot (-2)^7$

3分钟之后叫学生起来回答，把答案写在黑板上，一定要强调书写的规范性，按课本的规范步骤来解答。教师要重点讲解第（2）、第（3）题。

师：好，第一道题同学们都做对了，现在我们来讲解一下第（2）、第（3）题。首先看第（2）题是由3个相同底数的幂相乘的，利用刚刚学过的同底数幂的乘法法则来做，即把指数1、2、5相加，底数 a 不变，得到结果 a^8。运用类比推理，含有3个或3个以上的同底数幂相乘，法则仍然成立，即我们可以把 $x^a \cdot x^b = x^{a+b}$ 推广到一般模式，现在请同学们写出含有3个或3个以上的同底数幂相乘的一般模式。

生：$x^a \cdot x^b \cdot x^c \cdots = x^{a+b+c+\cdots}$。

师：上面的式子对吗？在写的时候我们还要注意一些什么问题？

生：强调指数要为正整数。

师：所以正确的式子为……？

生：$x^a \cdot x^b \cdot x^c \cdots = x^{a+b+c+\cdots}$（$a$、$b$、$c$ …都是正整数）

师：对了。那么第（3）题有"＋"，和我们刚刚学的形式不一样，应该怎么计算呢，可以从哪里入手？

生：（若有所思）先用同底数幂的乘法法则再合并同类项。

师：（竖起大拇指）非常好，同学们懂得利用旧知识联系新知识来解决问题，希望你们可以再接再厉。因为我们观察得到，$x \cdot x^2 = x^3$，$x^2 \cdot x = x^3$，所以得到 $x^3 + x^3 = 2x^3$。接下来讲第（4）题，可以用我们刚刚推理出来的推广式来解。怎样解？老师叫一个同学来回答一下。

生：$(-2) \cdot (-2)^4 \cdot (-2)^7 = (-2)^{12}$

师：看来这节课的重点同学们都掌握了，为了深化这个知识点，我们来做一些拓展练习。请看屏幕。（留足够的时间给学生做题）

【拓展深化】

（5）如果 $a^{n-2} \cdot a^{n+1} = a^{11}$，则 n 等于多少？

（6）$x^m = 2$，$x^n = 3$，求 x^{m+n} 是多少？

找两位同学到黑板上写下解题过程，并问他们为什么这样做。

生1：因为 $a^{n-2} \cdot a^{n+1} = a^{(n-2)+(n+1)} = a^{11}$，所以 $(n-2) + (n+1) = 11$，把式子化为一元方程，求得 $n = 6$。

生2：这道题我用了"逆运算"，因为 $x^{m+n} = x^m \cdot x^n$，又 $x^m = 2$，$x^n = 3$，所以 $x^{m+n} = x^m \cdot x^n = 2 \times 3 = 6$。

【课堂总结】

师：非常棒，同学们都懂了吗？如果有不懂的地方可以问一下同学或者老师。我们现在总结一下今天学习的内容，什么是"同底数幂的乘法法则"？

生：$a^m \cdot a^n = a^{m+n}$（当 m、n 都是正整数），同底数幂相乘，底数不变，指数进行相加。

师：一起来说一下它的一般形式。

生：$x^a \cdot x^b \cdot x^c \cdots = x^{a+b+c+\cdots}$（$a$、$b$、$c\cdots$ 都是正整数）。

师：也可以把推广式子的底数换为 a，把指数换为 m、n、p，虽然表示的字母不同，但是原理是不变的。

7.4　"推理能力"核心素养培养教学设计案例

【教学内容】"平行四边形"[①]，选自人教版《数学》八年级下册第 66~69 页。

【教学目标】

1. 知识与技能

进一步理解平行四边形、矩形、菱形、正方形的概念、性质；掌握平行四边形、

---

① 余双，孙国芹. 设计合情推理载体 发展演绎推理能力：以"平行四边形的判定"（第1课时）教学为例 [J]. 中学数学教学参考，2020（26）：16-18.

矩形、菱形、正方形的判定定理。

2. **过程与方法**

通过复习回顾平行四边形的相关知识，体会用类比推理搭建平行四边形与特殊平行四边形的联系。

3. **情感态度与价值观**

通过类比构建知识体系，激发学习兴趣，增加学习数学的信心，体会获得成功的快乐。

【教具准备】尺子、课件。

【课前思考】

复习课是一种特殊的学习活动，具有重复性、系统性、综合性和反思性，复习的主要目的是加强知识联系，深化知识理解，优化知识结构，体会数学思想方法，发展数学认知。复习课的核心认知活动是知识体系的重组和知识的选择性应用。由于学生独立整理知识的经验不多，综合能力有限，难以整理出系统、简约的知识结构，而且复习中还需要根据问题情境，选择适当的知识来解决问题，学生可能遇到很多困难，因此，本节课的重点在于知识体系的结构化整理和选择性应用。

【教学过程】

一、创设情境，回顾知识

师：上节课我们把第18章平行四边形的内容全部完成。今天我们做一个单元小结，任务是把第18章的内容整理成系统、简约的知识体系。请同学们拿起一张白纸，跟着老师一起来回顾一下本章的内容。请看课件。（PPT播放一下内容）

PPT的内容：

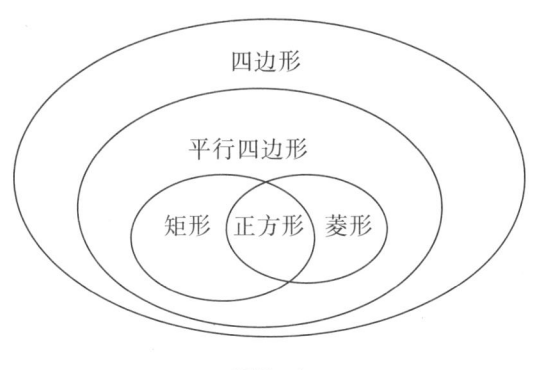

图 7-1

师：请同学们回答一下上面所表示的意思。

生1：四边形包含平行四边形，平行四边形包含矩形、菱形、正方形；正方形既是矩形，又是菱形。

【设计意图：引导学生回忆平行四边形、矩形、菱形、正方形的概念，并建立概念之间的联系，脑海中形成初步的概念结构模式。】

二、概念类比

师：我们本章的学习顺序是什么？四边形是如何变成平行四边形的？平行四边形是如何变成矩形、菱形、正方形？矩形和菱形是如何变成正方形的？请同学们在纸上边回忆它们之间的联系边用思维导图写出来。（教师巡视学生的情况，并把学生的作品利用投影仪或者磁铁在黑板上展示讲解）

预设1：学生回答出本章的学习顺序是平行四边形、矩形、菱形、正方形。思维导图如下：

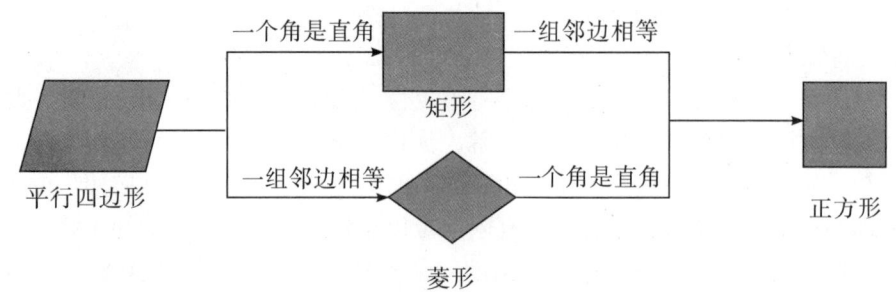

图7-2　平行四边形、菱形、矩形、正方形的知识联系

预设2：相当多的学生描述得不清楚，教师适当地引导。

师：某同学做的思维导图非常直观，让我们一眼就可以看出平行四边形、矩形、菱形、正方形之间的关系。运用思维导图可以有助于我们形成完整的知识体系。老师教给同学们一个学习的方法：在复习的时候，先用思维导图把学过的内容书写出来，一些想不出来的内容再去查找，这样学习的效果是非常好的。

【设计意图：引导学生回忆平行四边形、菱形、矩形、正方形之间的联系，加强知识间的对比，培养学生学会运用概念类比来整理概念之间联系的良好习惯，教会学生用思维导图的方法学习，符合新课改下教会学生学习的教育理念，发展学生的逻辑推理能力。】

三、回顾学习思路，性质类比

师：在研究平行四边形时，学习思路是什么？这种研究思路是否能够类比应用在矩形、菱形、正方形的学习中？

生2：在学习平行四边形时，学习思路是从定义—性质—判定，并且这种学习思路同样适用矩形等特殊平行四边形的学习。

师：同学们的回答跟老师的思路是一致的，本章是按照定义—性质—判定的思路。（教师播放PPT的内容）

平行四边形的学习思路：

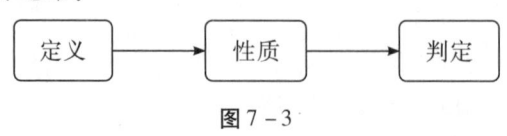

图7-3

师：同学们按照这种学习思路，即定义—性质—判定，把平行四边形、矩形、菱形、正方形的定义—性质—判定，用你喜欢的方式书写出来。

学生在白纸上写出的表格，如表 7-1 所示。

表 7-1

比较项	平行四边形	矩形	菱形	正方形
定义	两组对边分别平行的四边形	一个内角是直角的平行四边形	一组邻边相等的平行四边形	有一个角是直角的菱形（有一组邻边相等的矩形）
性质	对边平行且相等 对角相等 对角线互相平分	对边平行且相等 四个角都是直角 对角线互相平分且相等	四条边相等 对角相等 对角线互相垂直平分，每条对角线平分一组对角	四边相等 四个角都是直角 对角线互相垂直平分且相等，每一条对角线平分一组对角
判定	两组对边分别相等的四边形 两组对角分别相等的四边形 对角线互相平分的四边形 一组对边平行且相等的四边形	对角线相等的平行四边形 有三个角是直角的四边形	对角线互相垂直的平行四边形 四条边相等的四边形	对角线互相垂直且相等的平行四边形 对角线互相垂直的矩形 对角线相等的菱形 对角线互相垂直平分且相等的四边形

师：请同学们观看这位同学的作品，先看定义，平行四边形的定义揭示了它是四边形，是两组对边分别平行的四边形；矩形的定义揭示了矩形是平行四边形，是有个角是直角的平行四边形；菱形的定义揭示了它是平行四边形，是一组邻边相等的平行四边形；正方形的定义揭示了它既是特殊的矩形，即四边相等的矩形，又是特殊的菱形，即有个角是直角的菱形。再看性质，平行四边形、矩形、菱形、正方形的性质分别从对边、对角、对角线学习的。最后看判定，平行四边形、矩形、菱形、正方形的判定从对边、对角、对角线学习。从性质和判定的学习角度，我们发现了什么？我们发现了判定和性质的学习角度是一样的，判定是性质的逆命题，两者相辅相成。

除了这些，课本还有一些三角形的其他性质。我们也一起来补充一下。

（1）在第一节平行四边形中，我们得到了一个概念："平行线的距离"的概念。（教师在黑板上画出两条平行线，让学生在这两条平行线表示出平行线的距离。教师在必要的时候引导学生，最后播放课件）

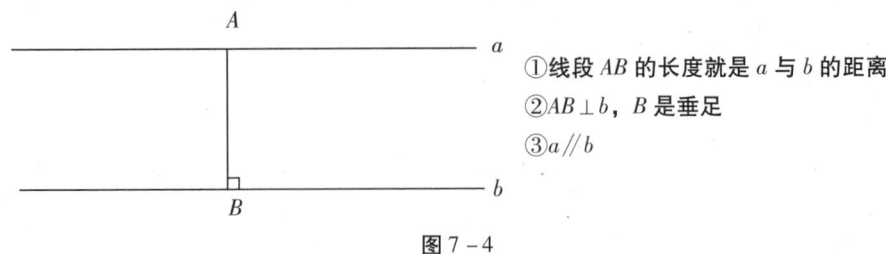

①线段 AB 的长度就是 a 与 b 的距离
②AB⊥b，B 是垂足
③a∥b

图 7-4

（2）在第二节平行四边形的判定中，我们得到了三角线的中位线定理。大家请看这个三角形，连接三角形的两条边的中点，所得到的线段就是三角线的中位线，三角形的中位线定理是：三角形的中位线平行于第三边且等于第三边的一半。

（3）在第三节矩形中，我们通过矩形的两条对角线互相平分且相等得到了直角三角形斜边上的中线等于斜边的一半。

预设学生：在学习单上补充以上内容。

【设计意图：通过结构类比方法，培养学生自主建立知识体系的能力，并在思考性质和判定的关系中，体会逆向思维的过程。】

四、综合运用，解决问题

例题1：如图 7-5 所示，□ABCD 的对角线 AC、BD 相交于点 O，过 B 作平行于 AC 的直线 BP，过 C 作平行于 BD 的直线 CP，BP 与 CP 相交于点 P，试判断四边形 BPCO 的形状，并说明理由。

问题1：若连接 OP，判断四边形 AOPB 是平行四边形吗？说明判断的理由。

问题2：若把平行四边形 ABCD 改为矩形 ABCD，其他条件不变，四边形 BPCO 是什么图形？

问题3：若把平行四边形 ABCD 改为菱形 ABCD，其他条件不变，四边形 BPCO 是什么图形？

师：请同学们三人为一小组，讨论四边形 BPCO 是什么图形？讨论结束后，我们请小组代表说出结果和理由。

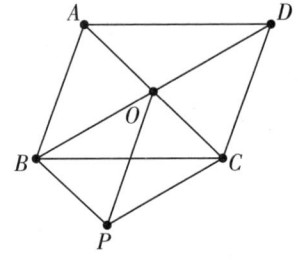

图 7-5

生4：通过讨论，得出四边形 BPCO 是平行四边形。理由：两组对边分别平行的四边形。因为 BP 平行 CO，CP 平行 BO，所以四边形 BPCO 是平行四边形。

师：接下来，老师设计了抢答环节，回答问题的小组加平时分。同学们准备好了吗？（教师播放问题1）若连接 OP，判断四边形 AOPB 是平行四边形吗？说明判断的理由。谁能够举手回答？

生5：老师，我来！根据一组对边平行且相等的四边形是平行四边形，找到了 BP=AO，BP 平行 AO，所以四边形 AOPB 是平行四边形。

师：非常好，请坐！（教师播放问题2）

生6：是菱形，因为矩形 $ABCD$ 的对角线相等且平分，$BO = CO$，BO 平行 CP，所以四边形 $BPCO$ 是菱形。

师：大家同意这位同学的看法吗？

学生：同意。

师：好，请坐！问题3（教师播放问题3），谁来？请一组的穿红色衣服的同学。

生7：是矩形，理由是菱形 $ABCD$ 的对角线互相垂直，BO 垂直 CO，四边形 $BPCO$ 是平行四边形，所以四边形 $BPCO$ 是矩形。

师：能在这么短的时间里想出来，思维非常敏捷。请坐！问题4呢？

生8：老师，我来。当四边形 $ABCD$ 是正方形时，四边形 $BPCO$ 才是正方形。理由是正方形的对角线互相垂直平分且相等。

师：好，请坐！看来大家对于本章的内容掌握得很熟练，都能灵活运用了。

接着，我们来通过几何画板，观看数据，验证我们的结果是否正确。（教师演示几何画板）

【设计意图：通过问题串抢答的形式，激发学生的学习兴趣，调动学生参与课堂活动的积极性，锻炼学生的思维，发展学生结构类比推理能力，加强学生对知识灵活运用的训练。】

五、课堂小结，巩固提升

教师引导学生参照以下问题，回顾本节课所学的主要内容，进行互相交流。

（1）各种平行四边形的学习顺序是怎样的？

（2）各种平行四边形的学习内容、学习步骤、学习方法是什么？

（3）平行四边形有哪些性质和判定，它们之间有什么关系？

（4）矩形、菱形、正方形具有什么特殊性质和判定？

（5）各种平行四边形的学习中还得出什么重要的结论？

师：本节课将接近尾声，想一想，我们今天学习了什么？

（教师和学生一起回顾本节课的主要内容，先让学生自己梳理本节课的基本知识及主要思想方法）

【设计意图：通过小结，使学生梳理本节课所学内容，掌握本节课的核心——平行四边形、矩形、菱形、正方形的性质和判定以及它们的联系和区别。】

六、布置作业

必做题：教科书复习题18第1、2、4、6、7、9、12题。

选做题：教科书复习题18第13、14题。

【设计意图：将作业分层设计，照顾学有余力的同学，基础题有助于本节课知识内容的掌握。】

【教学反思】

平行四边形、矩形、菱形、正方形的原型广泛存在于现实生活中。初中生的思维处于从"具体思维"向"抽象思维"过渡，对于各种平行四边形抽象的概念和性质主要通过概念类比具体化，进而培养运用类比推理进行总结归纳的能力，积累反思的经验，获得学会学习的能力。基于本节课的教学实践，我对培养学生推理能力有以下三方面的认识。

1. 创设情景，要基于学生已有的知识经验出发

良好的开端是成功的一半，情景教学有利于激发学生的学习热情，调动学生积极参与课堂的主动性。以学生已有的知识为基础，创设学生熟悉的情景，不仅可以快速让学生进入学习状态，而且可以引发学生的好奇心。学生在本节课之前把各种平行四边形分课时学习过了，创设总结归纳、构建体系的复习回顾情景，用图形将旧知识之间的联系呈现出来，培养学生自主思考的能力。教师布置任务，明确本节课的目标，让学生独立思考并开口表达，体现了以学生为主体，教师为主导的教学理念。

2. 构建概念、性质知识体系，要让学生经历一个"类比"的过程

对于有联系的概念、性质，用图形、列表的形式直观表现，用结构类比方法将各种知识板块进行连接，将各种知识串联，可以大大减少学生学习的难度，提高学习效率。通过概念类比和性质类比，发展学生的类比推理能力。

3. 难点突破，恰当运用类比推理串联

本节课的难点在于知识体系的结构化整理和选择性应用。本章概念比较多，图形的性质定理和判定定理也比较多，虽然难度都不大，但要全部记住这些定理，需要花费许多时间和精力，于是，许多学生对于知识点的识记是零散的，因此，教师引导学生运用类比推理将知识串联记忆就起到事半功倍的作用。以图表的形式整理出图形的概念和性质，再用类比推理出其他图形的概念和性质，形成主体部分，对于其他不能类比的知识再补充，这样的结构类比方法不仅不遗漏知识点，而且积累了总结复习的经验，提升了学生的推理能力。

小结

作为核心素养之一的推理能力是数学思维方式的重点。① 其实，除了数学学科需要用到推理能力之外，其他的学科，甚至日常生活也需要用到。举一个例子，在日本动漫《名侦探柯南》中，男主角柯南是一个神探，他的观察力和推理能力无人可比，其中我们也可以知道他强大的推理能力其实是来源于生活中的善于观察，由一件件细微的事情慢慢地拼凑出真相，这跟我们数学上的推理是一样的道理，都是由一般到特殊，再由特殊推广到一般的过程。在这个"唯分数论"的教育潮流中，我们很多人把课本作为教学的唯一工具，把高分看作唯一的目标，这不仅脱离了社会，脱离了生活，还脱离了素质教育的意义。深化课程改革的今天，我国教育部门将核心素养基于中心

---

① 苏文朝. 基于核心素养背景下小学生数学推理能力培养研究［J］. 才智，2018（6）：132 - 134.

地位，培养基于核心素养下学生的推理能力更是我国义务教育现阶段数学教育的要求。推理能力作为学生应该具备的数学能力在国内外很早就被单独提出，只是由于应试压力导致教师在教学过程中把它弱化了，学生的各项素养和能力在"唯分数论"这个现象中也被忽视。教学的本质和根本目标是实现学生的全面发展，所以"推理能力"核心素养的培养非常符合我国教育的目标。

8 核心素养下中小学生数学模型思想的培养

《义务教育数学课程标准（2011年版）》把数学核心素养概括为数感、符号意识、空间观念、几何直观、数据分析观念、运算能力、推理能力、模型思想、应用意识和创新意识。[①] 作为一名数学师范生，我们也应该清楚地知道，该课程标准是我国现行义务教育阶段数学课堂教学的指导性文件和数学教师进行教学的直接依据，教师需要清晰地知道如何进行数学知识的教学，帮助学生更好地学习数学。为有效培养学生的数学核心素养，我们有必要对这十个核心素养进行系统的讨论研究。

从教学实践出发，探讨如何在数学课堂教学过程中融入数学模型思想以及如何有效培养数学模型思想，换句话说，教师在教学中运用数学模型思想把抽象的数学问题和数学概念用数学符号等知识形象描述出来，能够帮助学生理解问题本质，再通过运用类似的数学模型解决相关问题，使学生积累解决数学问题的经验。

8.1 "模型思想"核心素养的内涵

数学核心素养指的是学生在日常生活中能从数学的角度出发，应用所学的数学知识和思想方法分析解决实际问题，是可以通过学校教育和训练获得的能力。数学核心素养的培养对于中小学生来说至关重要。而数学模型思想的培养和运用也是学生数学核心素养的培养需求之一。数学模型可以指数学概念、性质、公式等数学相关知识，是为解决现实世界中的问题而建立的抽象、简化的数学结构，一般是由字母、数字或其他数学符号组成的描述现实对象数量规律的数学公式、图形或算法。

数学模型思想是一种通过运用数学相关知识来描述问题并解决问题的思想。数学模型思想是数学核心素养的重要概念之一，强调的是在面对数学问题时，要灵活运用数学知识处理和解决。培养数学模型思想有助于提升数学核心素养；学会运用数学模型思想解决数学问题，尤其是解决生活中的实际问题，有利于学生发展数学思维，帮助学生更好地学习数学。

---

① 中华人民共和国教育部. 义务教育数学课程标准（2011年版）[M]. 北京：北京师范大学出版社，2012：5-7.

8.2 "模型思想"核心素养研究现状

模型思想是20世纪下半叶随着计算机技术的发展和进步逐步形成的,是现代社会应用数学解决实际问题的思想。近年来,数学模型思想已成为国内外数学教育界研究的一大热点,然而目前的研究对模型思想的认识主要集中在高等教育领域,对中小学阶段学生的数学模型思想的相关研究较少。① 我国的数学模型思想起步较晚,到了21世纪才把模型思想作为一个数学核心素养提出。

但是,现阶段的教育环境,人们并没有重视甚至注意到数学模型思想的存在。很多数学教师在课堂上强调的是数学知识的结论,甚至有可能他们对数学模型思想都不是很了解,哪怕这个知识是通过数学模型得到的,他们也只是讲解了数学模型,却没有深入挖掘数学模型思想,学生只是学习了数学模型,却没有领会到数学模型的思想,无法运用数学模型解决其他问题。这就造成了很多学生仅仅是印象中有这个知识点,知道例题怎么求解,却不会把同样的数学模型思想运用到其他类似习题的解答上。可以说,因为没有在教学中系统地渗透数学模型思想,所以中小学生基于数学核心素养的模型思想并没有得到很好的培养。

8.3 "模型思想"核心素养的培养策略

对于中小学生而言,数学模型思想是他们初步形成数学思想的重要过程,是他们学好数学的重点之一。基于数学核心素养的中小学生模型思想的培养不是一蹴而就的,而是在经验总结方法中培养出来的,教师在教学中应针对学生的实际情况来开展中小学生数学模型思想的培养工作。

在查阅相关文献时,笔者发现有关义务教育阶段涉及数学模型思想教学的研究较少。从教育心理学的角度看,中小学阶段正是培养学生基于数学核心素养模型思想的重要时期。通过调查分析,教师课堂教授数学模型思想大致存在以下几个问题:①教学中数学模型思想渗透不足;②教学的方法选择不恰当;③教学的设计环节单一;④教学的效果不理想。

这个时候,基于数学核心素养的中小学生模型思想培养研究显得尤为重要。作为一名数学教师,如何将数学模型思想应用到实际问题解决上,渗透到课堂教学实践过程中,如何培养学生的数学模型思想,如何提高学生建立并运用数学模型的能力,以及在课堂教学中应采取的策略与方法等,这些都是可研究的内容。

教师要学会在数学课堂教学中渗透数学模型思想,让学生感悟数学模型思想在现

---

① 张侨平. 西方国家数学教育中的数学素养:比较与展望[J]. 全球教育展望,2017(3):29-43.

实生活中的广泛应用，学习不同的数学模型，培养学生的数学模型思想，逐步提高学生运用数学模型思想解决生活中数学问题的能力。潜移默化地让数学模型思想成为学生思考数学问题的方法和习惯，从而提高学生分析和解决数学问题的能力。在教学数学模型相关知识的时候，教师要善于创设问题情境，调动学生的学习兴趣，积极思考，主动在问题中建立数学模型，从而认识数学模型，归纳数学模型的特点，学习运用数学模型。引导学生在解决问题的过程中运用数学模型思想，理解数学问题和数学模型两者间的关系，提高对数学模型思想的运用能力，进而达到培养学生的数学核心素养的终极目标。[①] 运用数学模型思想其实就是把实际问题数学化，也就是把数学问题近似、抽象、概括成一个数学模型，利用学生已有的数学理论知识解决数学问题，再通过检验返回到实际问题，得到原始问题的答案。因而，在具体的教学中，我们可以用以下的策略培养学生的数学模型思想。

8.3.1 理论联系实际

建立数学模型是为了让我们可以更清楚地认识和理解问题。数学源于生活，又应用于生活；从现实生活抽象出数学问题，从数学问题出发建立数学模型，数学模型又用于解决类似的问题。所以，教师在教数学模型问题时要尽量让枯燥乏味的数学问题转化成学生熟悉的生活情境，理论联系实际，有利于学生分析和理解数学问题，初步感知数学模型，学习运用数学模型思想解决实际生活问题。

8.3.2 引导主动思考

教学要以学生为中心，教会学生主动学习。教师在数学课堂教学中，将数学模型思想融入数学教学的过程，引导学生积极主动思考，联系已有的数学相关知识，比如公式、定理等，帮助学生思考和建立数学模型，总结归纳模型的特点，并能运用这一类的数学模型解决其他相关问题。

8.3.3 培养数学化能力

数学化就是指用数学语言描述现实事物的某一种现象和本质。建立数学模型时，要先找到模型与问题之间的内在联系，进行抽象概括，得到规律，完成模型的构建。可以说，中小学生在解决数学问题时并没有很好地运用数学模型思想，很大一方面原因是他们的数学化能力不够强。在建立数学模型的过程中，找到问题与模型的内在联系进行抽象概括，培养他们体验数学概念，认识并生成概念，再进一步找到模型的规律及特点，在解题过程中总结规律，能迁移解决同类数学问题，能灵活运用数学知识完成数学模型的建立。

[①] 黄荣德. 模型思想：内涵、价值及教学策略 [J]. 江苏教育研究，2015 (24)：73-76.

8.3.4 培养合情推理能力

合理推理主要包括演绎推理和合情推理，指学生基于现有事实，运用经验和直觉，对未知数学结果进行合理推导的思维过程。在数学课堂教学中，培养和提高学生的合情推理能力，能帮助学生灵活调整模型，帮助提高学生的数学模型思想。培养学生的合情推理能力，要引导学生联系新旧知识，充分理解问题的本质，积极主动地发现并思考数学问题解决的方法。

8.3.5 运用数学模型思想

在中小学数学课堂中，感受数学模型思想，以及理解掌握运用数学模型思想解决数学问题的方法与途径，对培养学生学习数学的兴趣和数学核心素养有着深远的影响和重要的意义。数学模型思想的运用是一个综合性的过程，是数学各种能力协同发展的一个过程。运用数学模型思想解决数学问题的方法与途径大致有以下几个步骤。

1. 精准审题

在看到数学问题的时候，要先对问题进行了解和分析，精准审题，明确问题解决的目的，初步确定模型的类型。因此，在教学中要着重培养学生精准审题的做题习惯，弄清问题情境中的数学信息，分析题干，精准审题。

2. 合理假设

抓住问题本质，做出必要的、合理的分析与假设，合理假设在数学模型思想中起到至关重要的作用。运用数学模型思想，首先要合理假设才能把问题用数学知识的形式表示出来建立问题的数学模型。合理假设使得数学问题简单化，也对模型的使用范围加以限定，成功建立数学模型。

3. 建立模型

在认真分析和合理假设问题之后，运用相关的数学知识方法表示数学问题中各变量及参数的关系，确定其数学结构，建立相应的数学模型。数学模型的建立依赖实践探究活动。在数学模型建立的过程中，要充分理解其本质，灵活运用数学模型思想。

4. 求解模型

对数学模型进行合理的分析及理解，准确求解计算，得到数学结果。不同的模型由不同的数学方法求解，引导学生正确分析数学模型的信息，提高学生的解题能力。善于抓住问题的本质，进行变式训练，培养学生的数学思维。

5. 检验与优化模型

运用已有的数学模型的结果解决实际数学问题，比较数学模型的结果与实际问题，检验数学模型的可靠性和准确性，如果数学模型不符合实际或者达不到最优的效果，就要对模型进行再优化，迁移转化，优化建立模型的过程，以得到最优结果。

6. 应用与推广模型

一个数学模型建立后，往往能够将其应用到一类实际问题中。所以，在分析数学问题时,要学会在不同的数学问题之间建立内在关系,构建、寻找并应用最适合的数学模型,并在实际应用中不断改进。

综上所述,基于数学核心素养的中小学生模型思想的培养主要就是教会学生运用数学模型思想解决数学问题。

案例1 选自"长方形和正方形"第二课时长方形和正方形的周长,具体教学过程设计如下。

(1) 复习旧知。

①认识的四边形有哪些?

长方形和正方形。

②又有哪些特点?

小结:长方形的对边相等,正方形的四条边相等,长方形和正方形都有四个直角。

③同时出示长方形卡片和正方形卡片,询问学生是否能指出这两张卡片的周长?比较这两张卡片的周长。

让学生上台指出周长,其余学生摸一摸自己手中的卡片的周长,明确什么是周长。

④思考怎样能快速地求出周长。

帮助学生回忆复习已经学习过的内容,什么叫作长方形和正方形,它们又有什么相同点和不同点,什么叫作周长,为本节课学生理解和掌握长方形和正方形的周长计算公式做铺垫。

⑤把两张卡片张贴在黑板上,动手在黑板上描出它们的周长,直观比较长方形和正方形的周长。明确哪个部分是长方形和正方形的周长?我们应该要怎样得到它们的周长?引导学生说一说:图形各边的名称是什么?有几条边?怎样计算?

(2) 讲授新知:长方形的周长。

①创设情境,引入新课。

讲授课本第85页做一做第1题。

出示长方形花坛图片:要围上护栏的话,应该围在长方形的哪个部分,指的是什么?怎样求解?尝试用自己的方法计算出来。

②自主探索,建立模型。

小组合作,把能想到的计算方法写下来,交流完善并总结计算方法。

预设1:长+长+宽+宽=长方形的周长;

预设2:两条长+两条宽=长方形的周长;

预设3:两条×(长+宽)=长方形的周长。

问:喜欢哪一种?为什么?

让学生在本子上写下自己的算法,不必强调说明哪一种最简便,也不用要求学生们的算法都一样,而是通过计算引导学生发现算法的不同,喜欢哪种算法就用哪种计算,灵活选择,只要得到正确结论即可。优化选择,培养学生的优化意识,知道哪种算法是最合适的。

引导：预设1加四次；预设2算两次乘法，再算加法；预设3计算一次加法一次乘法，两步计算得到结果。

小结：长方形的周长计算公式为长方形的周长=（长+宽）×2。让学生齐读，加深印象。以后就可以直接运用这个数学模型来求长方形的周长了。

采取小组合作的教学方法，让学生分组讨论，积极主动提出自己求解长方形周长的方法，并尝试总结长方形和正方形周长的计算公式，归纳数学模型，通过经历数学模型的形成过程达到培养数学模型思想的目的。

③分析问题，讲解模型。

怎样理解这个数学模型？长方形的周长=（长+宽）×2。理解长方形和正方形周长的计算过程，掌握模型的形成过程，学习运用数学模型。

④总结归纳，运用模型。

运用这个数学模型解决课本第85页的例题，即计算黑板上张贴着的长方形卡片的周长。让学生上台演示，其余学生仔细观察，看看他做得如何（注意：列式、单位、答）。运用数学模型解题，强调模型能帮助我们简便地解决实际问题。

（3）讲授新知：正方形的周长。

①创设情境。

把一块正方形桌布的四周缝上花边意味着什么？应该怎样缝？也就是思考如何计算正方形的周长。

②建立模型。

问：正方形的周长是多少呢？根据长方形的周长=（长+宽）×2这一数学模型尝试转变成新的模型（类推）。

预设1：边长+边长+边长+边长=正方形的周长；

预设2：边长×4=正方形的周长。

小结：新的数学模型：正方形的周长=边长×4。

③运用模型。

那么黑板上张贴着的正方形卡片的周长是多少？比较两张卡片的周长大小。

做一做课本第87页练习十九第3题：用一根36厘米长的铁丝围为一个正方形，这个正方形的边长是多少厘米呢？

引导学生把正方形的周长=边长×4这个原来的模型转化成另一个新的模型：正方形的边长=周长÷4，再进行列式计算。

充分理解数学模型的本质，根据实际情况调整数学模型，灵活运用模型解决实际问题。多类题目的变式练习，加深学生对数学模型的理解，培养学生的数学模型思想。

（4）总结收获。

总结、概括、归纳本节课所学新知——长方形和正方形的周长计算公式的两个数学模型以及这两个数学模型的应用，加深对所学内容的掌握。

案例思考：教学本课之前，学生已经学习了长方形和正方形的特点，也理解了图形周长的含义以及怎样通过测量得到周长。该教学案例中通过为花坛围上护栏的生活情境，引导学生联系生活经验积极主动思考，合作探究解决问题，总结长方形和周长计算公式，建立其数学模型，再运用模型解决相关问题；之后在讲授正方形的周长计算方式的时候，因为学生已经掌握长方形的周长计算公式这一模型，所以引导学生思考并通过类推让学生自主探究新的模型，得到正方形的周长模型，有效培养学生的数学模型思想。学生在本节课推导出长方形和正方形周长的计算公式，归纳两种数学模型的特点，总结思考相关问题的解决方法。在教学过程中，教师要渗透数学模型思想，但又不能太强制要求一致的算法，让学生归纳总结如何计算周长的经验，归纳这类数学模型的特点，为今后学习更深层次的数学知识打下基础。

案例2 "反比例函数"的第一课时，具体教学过程设计如下。

(1) 复习旧知，导入课题。

提问：什么是函数？（学生回忆知识，讨论交流）。我们在前面学过一次函数、正比例函数和二次函数，也知道了它们的表达式分别为 $y = kx + b$（k、b 为常数且 $k \neq 0$），$y = kx$（k 为常数，$k \neq 0$），$y = ax^2 + bx + c$（a、b、c 是常数，$k \neq 0$）。今天我们来学习一个新的函数——反比例函数。

(2) 创设情境，引入新课。

我们学过的反比例关系指的是两个变量满足什么样的条件？出示课本第1页题目。

提问：当 s 一定时，t 与 v 的关系。

学生通过回忆可答：如果两个量 x 和 y 满足 $xy = k$（k 为常数，$k \neq 0$），那么 x、y 就呈反比例关系。

现在我们来看教材第2页的思考。

出示题目，思考问题中的变量间的函数关系是否存在，当一个变量变化，另一个变量也随着变化吗？函数关系存在的话，要怎样列出函数解析式？解析式有什么共同特点？

根据实际问题创设情境，从学生已有知识经验出发，引导学生积极参与新知识的学习。

(3) 思考探索，形成概念。

小结并归纳：变量间具有函数关系，它们的解析式分别为 $v = \dfrac{1\,463}{t}$，$y = \dfrac{1\,000}{x}$，$s = \dfrac{1.68 \times 10^{14}}{n}$。

观察解析式之间有什么共同特点？与正比例函数关系式有什么不同？能仿造 $y = kx$ 的形式来表示问题的函数解析式吗？试一试！

学生仔细观察，教师引导学生归纳反比例函数的概念：一般地，形如 $y = \dfrac{k}{x}$（k 为

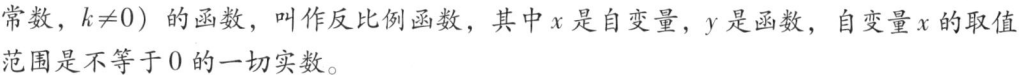

常数，$k \neq 0$）的函数，叫作反比例函数，其中 x 是自变量，y 是函数，自变量 x 的取值范围是不等于 0 的一切实数。

补充强调：因为 $y = \dfrac{k}{x} = k \cdot \dfrac{1}{x} = kx^{-1}$，反比例函数有时也可写成 $y = kx^{-1}$ 或 $k = xy$ 的形式。

在数学问题中形成数学模型，明确认识反比例函数的概念以及表达式的理解，加深学生对新知识的掌握。

（4）运用模型，解决问题。

总结：反比例函数的一般形式为 $y = \dfrac{k}{x}$（$k \neq 0$），$y = kx^{-1}$（$k \neq 0$），$xy = k$（$k \neq 0$）共三种。

提问：思考题中的三个反比例函数的解析式，k 是多少？

例题探究：（第 3 页例题）运用反比例函数模型解决实际问题。

练习拓展：（第 3 页练习）变式题目，加深学生对反比例函数概念的理解，合理运用模型解决问题。

学生在建立函数模型后，通过不同题目的练习，理解反比例函数的概念，明确函数的本质特征，有助于学生理解反比例函数解析式的表达方法。

案例思考：本课是在学生已学过变量间的关系、反比例关系、正比例函数、一次函数、二次函数等知识的情况下进行的。此时，学生初步认识了函数的概念，在小学阶段已经了解过反比例关系，这有助于本节课学习反比例函数，能帮助学生进一步理解函数的概念，为以后学习其他相关函数知识奠定了良好的基础，承上启下。教材内容相对来说是比较抽象的，要理解反比例函数概念要结合学生实际，创设生活情境，引导学生主动思考，分析问题，建立反比例函数模型，密切关注数学问题中变量间的关系，充分理解概念，体会函数的模型思想。

毫无疑问，"数学模型思想"核心素养案例可以帮助我们通过基于数学核心素养的中小学生模型思想的培养研究，达到培养学生运用数学模型解决数学问题的思维和能力的目的，从而实现数学模型思想的形成与运用，帮助学生更好地理解数学，培养和提高学生基于数学核心素养的模型思想。

8.4 "模型思想"核心素养培养教学设计案例

【教学内容】"画树状图求概率"①，选自人教版《数学》九年级上册第 138～139 页。

---

① 颜春红. 渗透模型思想 提升核心素养：《解决问题的策略——画线段图》教学设计 [J]. 小学教学设计，2020（8）：42 – 44.

【教学目标】
1. **知识与技能**
提出现实问题，使学生在现实的情境中，初步理解树状图的应用，会正确地做出树状图并根据树状图来分析解决问题。
2. **过程与方法**
使学生体会用树状图来分析和解决问题的简便直观，培养学生思维的条理性，提高学生分析问题、解决问题的能力。
3. **情感态度与价值观**
使学生在用树状图来分析现实的数学问题的过程中，体会树状图里的分布思想，感受数学知识与生活实际问题的密切联系，同时增强学生之间的合作交流意识。

【教具准备】课件。

【课前思考】
在学会用画树状图来解决概率问题之前，学生已经学会了概率公式。所以对于概率问题学生在生活中已有一定的认识，这时要重点对一些概率问题进行直观简单的求解，适时地进行数学模型思想的引导，让学生学会用树状图的数学模型解决实际问题，是本课教学内容的关键。

【教学过程】
一、引入：创设情境，激活经验

学生甲与学生乙玩一种转盘游戏。如图 8-1 是两个完全相同的转盘，每个转盘被分成面积相等的四个区域，分别用数字"1""2""3""4"表示。固定指针，同时转动两个转盘，任其自由停止，若两指针所指数字的积为奇数，则甲获胜；若两指针所指数字的积为偶数，则乙获胜；若指针指向扇形的分界线，则重转一次。在该游戏中乙获胜的概率是多少？

 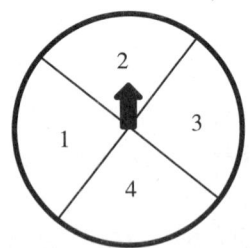

图 8-1

【设计意图：以学生较为熟悉的生活例子为出发点，积极引导学生自主思索、独立探究、动手参与以及团结合作自主建立数学模型，使学生将所学知识融会贯通，为本节课的学习奠定基础。】

出示准备题：一个盒子内装有大小、形状相同的 4 个球，其中红球 1 个、绿球 1

个、白球2个,小明摸出一个球不放回,再摸出一个球,则两次都摸到白球的概率是多少呢?

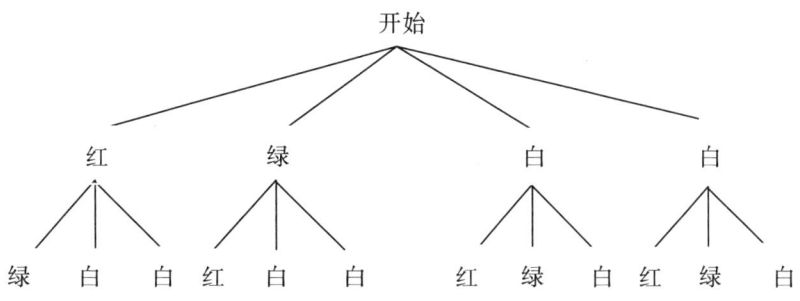

图 8-2

师:这幅树状图能表示两次都摸到白球的概率是多少吗?

师:谁能口头列式解答?

师:为什么得到这个答案?

预设:概率公式。

师:用树状图或列表法列举出所有可能情况,然后由概率公式计算求得。而这道题数量关系非常清晰且数量关系有限,所以我们能很快就解决问题。

【设计意图:在本节课学习之前,学生已经具备画线段图分析与解决问题的经验,线段图过渡为树状图,让学生在读准备题以后,给出树状图让学生将图与文字对应起来,解释图的意思,感受树状图在表达数量关系中的优越性,同时也为例题的教学做好准备。】

二、展开:探究讨论,构建模型

出示例1(改口答题为例1):有两个构造完全相同的转盘A、B,游戏规定,转动两个转盘各一次,指向大的数字获胜。现由你和小明各选择一个转盘游戏,你会选择哪一个,为什么?

1. 审题

师:谁来读一读?

师:题目中告诉我们哪几种情况?求什么问题?

预设:分两种情况,是……,问题是……

师:通过读题我们弄懂了题目的意思,看来在解决问题时读题审题这一步骤不能马虎!

师:还能口答这道题吗?

生:不能。

师:比一比这两道题,有什么不同?

预设:变化了表盘里的数,但有些变复杂了。

师:根据上一题的方法,有什么好的方法可以将数量关系清楚地表示出来呢?

预设：可以画树状图解决。

2. **画图**

师：想一想，应该怎么画图？独立思考后，在学习单上试着画一画。

（展示学生画的图，逐步完善，得到完整的图）

【设计意图：九年级的学生已经积累了丰富的画图经验，完全有能力独立画出线段图。只是学生在画线段图的过程中，由于个人经验不同，学习水平与能力也有所不同，所画的线段图有可能不规范不完整，通过对不同学生所画的线段图的展示与评价，让学生理解一幅完整的线段图所具有的要素，并对自己所画的线段图进行完善，得到规范完整的线段图，将文字表达的实际问题，通过线段图模型进行简化，使数量关系变得直观易于理解。】

3. **看图分析数量关系**

师：接下来，请大家仔细看树状图，分析数量关系，想一想，解决这道题的关键是什么？

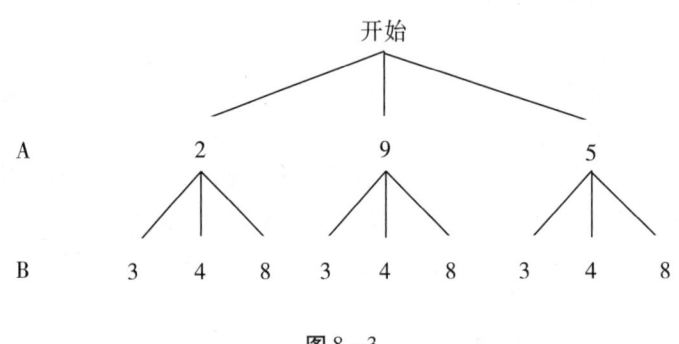

图 8-3

预设：与上一道题一样，抽象出数学本质，建立数学模型，作出如上的树状图，解决起来就非常容易了。

师：看到上图，你会怎样进行分析？把想到的和你的同桌说一说，写出解题过程。

过渡：老师已经看到不少同学列出算式解答完毕，下面就结合图来分享一下你的想法。

师：通过画树状图分析数量关系，由树状图求得所有可能的结果。其中 A 大于 B 的有 5 种情况，A 小于 B 的有 4 种情况，共有 9 种可能的结果，再利用概率公式，解得 $P_{(A大于B)} = \frac{5}{9}$，$P_{(A小于B)} = \frac{4}{9}$，所以选择 A 转盘。树状图法适合两步或两步以上完成的事件。用到的知识点为：概率＝所求情况数与总情况数之比。

【设计意图：让学生根据树状图分析数量关系，说一说解决这道题的关键是什么。如果学生无法回答，让学生比较准备题和例题，虽然题目不同，本质却是相同的，都是将数量关系通过树状图表示出来再解决。通过比较，让学生抓住解决问题的关键点，

感悟数学的本质。】

4. 比较不同情境，抽象数学模型

师：小明春节外出旅游时带了3件上衣（棕色、蓝色、淡黄色各一件）和2条长裤（白色、蓝色各一条）。假设他任意拿出1件上衣和1条长裤穿上，正好是棕色上衣和蓝色长裤的概率是多少？（学生充分讨论，并出示参考解法）

师：这道题与上一道题有哪些相同和不同？

预设：解题思路相同，不同的只是一个是转盘问题，一个是穿衣问题。

师：也就是说除了解决的是转盘问题和穿衣问题不同外，其他都是相同的。根据这样的数量关系，你还能想到解决什么问题？你能将数据也换了吗？

【设计意图：教学中要注重让学生经历从特殊走向一般的归纳推理过程，通过抽象数学模型，帮助学生建构数学概念的意义，真正理解新学知识的内涵与本质。因此这个环节设计了比较转盘问题与穿衣问题的相同点和不同点这个活动，通过比较，舍弃了具体问题情境，发现了两个问题之间的本质联系。】

师：回顾一下解决问题的过程，你有什么想说的吗？画树状图分析数量关系有什么好处？

（板书：清楚、直观，便于分析）

三、总结：运用模型，循环提升

出示树状图。

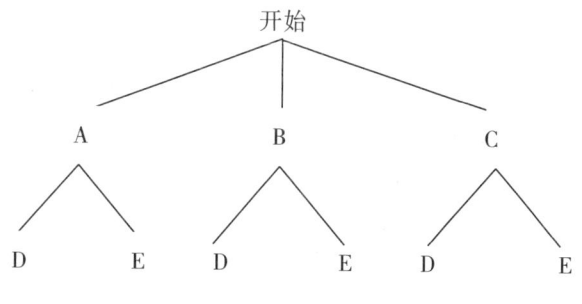

图 8-4

让学生根据图意说说条件和问题，最后教师进行总结。

用 A、B、C 分别代表棕色、蓝色、淡黄色上衣；用 D、E 分别代表白色、蓝色长裤。列出所有可能结果的树状图，每种结果出现的概率都相等，因此，小明拿出棕色上衣和蓝色长裤的概率是 $\frac{1}{6}$。

【设计意图：运用数学模型解决现实生活中的问题，学生要学会把错综复杂的实际问题充分简化和抽象为合理的数学结构，要学会抓住问题的主要矛盾，寻找和发现反映实际问题的数量关系。习题的设计采用由浅入深、逐步拓展的方法，使学生在解决问题的过程中不仅厘清了问题之间的联系、抓住了问题的本质，也使学生真正将数学模型的构建作为自主行为，积极主动地参与数学问题的解决过程中。】

四、课堂总结，深化概念

师：今天我们重点研究了解决问题的哪种策略？（画树状图）树状图帮助我们解决了复杂的问题，而树状图的核心在于分步思想求概率。画树状图分析的确是一种有效的解决问题的策略，以后要学着用好它。

【设计意图：本节课基于整体视角，让学生充分经历了经验唤醒、问题提出、直观操作、分析推理、类比求解的数学建模全过程，帮助学生构造数学模型，体会数学知识的内在关联，理解数学本质，灵活用数学模型去描述与刻画现实世界，在探究讨论活动中促进学生对数学知识与数学意义的建构，真正提升学生的数学核心素养，训练举一反三的数学思维。】

【教学反思】

本节课的教学内容是对树状图的应用，简单体会一下数学的分布思想，建立一个简易的数学模型——树状图，树状图的应用建立在对问题的多种情况的讨论之上，落脚点在于对所发生事情的概率求解，为此我们需对所有可能发生的情况进行分析，而树状图对此体现出其直观性，不过，教师在讲解的过程中，要重点向学生展示解题思想，以自然而然的方式引出树状图来求解具体问题，至此，再结合学过的概率公式，进一步加强对概率求解方法的理解运用，最后再用树状图的模型思想，联系到生活中其他类似的实际问题。在教学中，教师从生活实际入手，以学生为学习主体，激发学生学习数学的积极性，鼓励自主探究、合作交流，而教师对具体问题可以适当点拨引导，让学生在生活实例中感知数学的妙用，在积极思考中重视数学模型的应用，学会动手解决问题。

小结

在数学课堂教学中，融入数学模型思想有助于学生感悟数学与现实生活的密切关系，对数学学习产生浓厚兴趣，使学生感受到数学模型思想与数学方法相结合以解决实际问题的益处，帮助学生养成良好的数学思维习惯，提高解决实际问题的能力，提升数学核心素质。

我们发现在数学课堂中大部分教师和学生不够重视数学模型思想，很多数学教师没有能够深入挖掘数学模型思想，学生只是学习了数学模型，却没有领会数学模型思想。针对这种情况，一线教师应总结培养学生数学模型思想的经验和方法，改进教学，将培养学生的数学模型思想落到实处，提升学生的数学核心素养。

9 核心素养下中小学生应用意识的培养

就数学的学科特征而言，中小学的数学知识大都与学生生活息息相关，但数学内容常以抽象及概括的形式呈现。为了更好地让学生掌握科学抽象的理论知识，教学中，需要教师有意识地加强数学知识与实际应用的结合，也即遵循理论联系实际的教学原则。比如，函数知识学习与函数图像的应用实例结合起来；建立位置之间的关系与平面直角坐标系结合起来等。在教学中强调数学应用意识体现出数学应用广泛性的特点，同时理解抽象理论知识是为了更好地解决实际问题。

就学生的数学学习过程而言，学生需要在短时间内掌握由数学家经过长时间实践所得的数学公式和定理。所以，为了更好地让学生真正地掌握知识，教师在教学时让学生了解知识的实际背景、来龙去脉及其应用是非常关键的。现实存在的问题在于，一方面，由于数学语言具有抽象性，学生大都难以发现数学与生活间的密切关系；另一方面，数学教材和课程都比较偏向于数学理论自身的严谨性，强调逻辑演绎推理能力。学生可以在短时间内掌握主要的数学知识，但是如果忽略知识的背景及应用，就有可能导致学生对数学的学习产生误解。学生会以为学习数学就是记住公式、定理、法则等，只需要掌握知识的技巧和基本技能，能够顺利地运用数学的规律进行运算、解方程等就可以了。比如有些学生可以运用刚学习的定理进行计算、练习，但他对定理的证明过程模糊不清，更不用说知识点的来龙去脉。因此，在数学的教学过程中，教师要强调数学与生活密切相关，尽可能使学生在"自然情境"中学习数学，通过观察、比较、分析等思维活动，形成对数学的确定性和严谨性，增强学生的数学应用意识。相应地，缺乏数学应用意识，必然会给中小学生学习数学带来难以逾越的障碍。

9.1 "应用意识"核心素养的内涵

《义务教育数学课程标准（2011年版）》将"应用意识"解释为："一方面，有意识利用数学的概念、原理和方法解释现实世界中的现象，解决现实世界中的问题；另一方面，认识到现实生活中蕴含着大量与数量和图形有关的问题，这些问题可以抽象成数学问题，用数学的方法予以解决。"具体体现在以下三个方面。

1. 从现实生活中寻找数学信息，并体会数学的广泛性

小学《数学》一年级上册（北师大版）开篇是编者大朋友与读者小朋友关于什么是"数学"的一段平等交谈，通过儿童喜闻乐见的卡通人物的对话（智慧老人：你知道"数学"是什么样子的？淘气："数学"是数字，学了数字可以看时间、看日期。

笑笑：我认为"数学"是页码，是24支彩笔，是各种各样的形状……），使学生从入学第一天起，就体会到数学来源于生活，数学就在我们的身边。类似地，教师开展主题为"在生活中，你可以不用数学知识吗"的班级辩论赛，面对持正方意见的同学，反方的同学就可以提出："你去超市买东西时，不用计算价钱吗？""你走楼梯时，不需要数一数你到了哪一层吗？""去学校搭公交时不用看看是几路公交车吗？"诸如上述问题，教师在传授数学理论知识的同时，要告诉学生数学知识的来源，让他们在生活中随时都在用数学，真实体验到数学就在我们的身边，当然这需要我们在生活中寻找数学信息，用心观察、体会。

2. 从数学的角度分析问题，并寻找解决问题的策略

比如，掷骰子这样一个简单的现象，如果人们不能主动从数学的角度去寻找骰子落下来的规律，那么时至今日人们可能无法知道骰子落下来的每一面的概率是相同的这个事实。又如，身份证是中国每一个公民的标识，如何记住身份证的18位号码对于每一个人都是一个挑战，如果直接死记硬背，容易遗忘甚至可能出错，因此，我们要善于从数学的角度去寻找到能更好解决问题的策略。我们发现公民身份号码是特征组合码，由17位数字本体码和1位校验码组成，排列顺序从左到右依次为：6位数字地址码、8位数字出生日期码、3位数字顺序码和1位数字校验码，如果从中发现这些规律，那么记忆身份证号码就容易多了。再如，春节时购买的窗花或花布，可以观察到哪些图形是轴对称图形，哪些图形是不规则图形，人们在欣赏这些图案时，可以体会到这些漂亮的图形可能是某些基本图形通过旋转或者是平移得到的，所以我们要善于从数学的角度发现生活中的美。诸如上述，人们要学会把生活中遇到的问题与已有的数学知识联系起来，从数学的角度分析问题并寻找解决问题的策略。

3. 从实际出发解决新的数学问题，并探索其应用价值

在学习几何时，人们可以从自然界现象中提炼出几何概念。例如从太阳和月亮的形状可以获得圆与弯的概念，从墙壁的平面可以获得平的概念，手电筒照出来的光线可以近似看成射线，通过长方形的桌子认识到长方形的性质，等等。现实世界是数学知识产生的来源，丰富的生活实践经过不断地筛选、积累、总结，最后升华为我们所应用的数学知识。学习数学不仅是掌握理论知识，还要与现实生活相联系来促进数学的发展，这也就说明了数学是来源于生活又应用于生活的。

9.2 "应用意识"核心素养的研究现状

英国非常注重对学生数学应用意识的培养，关注现实生活与数学之间的紧密联系，并且认为教师要带领学生将知识系统化，灵活地理解并应用所掌握的知识内容去探讨、解决实际问题。数学学科的关键和基础目标是数学应用意识，该目标还可以拓展延伸至其他教学目标，作为数学课程的教学框架。数学应用意识的要求是：在分析和解决问题的过程中掌握数学的相关知识和方法，促进学生对知识的理解以及提高逻辑思维

能力；应用数学解决生活中的实际问题，并且可以从数学课程情境中提出数学问题；鼓励和引导学生积极参与社会生活，对数学知识不断探索，并将其落到实处，在这些过程中应用数学意识。基于此，英国大部分学生具有较强的数学应用意识。

日本的《中小学数学学习指导纲要》中提出的教学目标是：在数学进行有关数量和图形的教学中，教师不仅要讲授基础知识和数学技能，更要注重培养学生运用知识和技能解决实际生活问题的能力，在此活动中学生体会到应用数学的美妙，从而更加开心愉快地学习数学。因此，将数学应用意识和实际生活相联系，是数学学科的重要培养目标之一。在学习数学时，重视综合学习，不仅需要学会掌握基本的知识，还需要有发现问题、收集信息资料、运用有关的知识解决实际问题的能力，学生应感受到知识的实用性及应用性，形成这种观念之后，可以培养学生养成数学的应用意识。

荷兰的数学教学是"现实教学"，重视情境，把学生置身于教学情境之中，通过自我反思来主动构建学习。换言之，荷兰的数学教学重视的问题解决，会运用数学的知识和方法解决现实的问题，形成数学应用的意识。[①]

对我国的数学教学现状进行反思，不难发现，理论界更多的是持以下观点："数学是一种思维的体操""数学是一种科学的语言"，但给予数学应用的关注却远远不够。对于此，部分学者提出了要懂得在实际生活中应用数学，将数学的真实面貌还原，在教学中重视培养学生的数学应用意识。《义务教育数学课程标准（2011年版）》中课程目标提出，要求中小学生将所学的数学知识，灵活运用于解决实际问题，提高学生应用数学的意识和能力，其中数学学科的教学目标之一：不仅要掌握理论知识，还要在快速发展、瞬息万变的世界中获得生存技能，在现实世界中应用数学解决实际生活问题，在其中学生的数学应用意识得到深刻培养。

9.3 "应用意识"核心素养的培养策略

中小学生在学习方面对教师有较强的依赖性、模仿性，教师的教学思想和教学方法对学生有着深远的影响。许多教师一直沿袭着传统的"双基"教学思想，即重视基本知识和基本技能，忽略了培养学生的应用意识。虽然有些教师意识到数学应用意识的重要性，但受自身因素等方面的影响，让他们去寻找有关的数学教学实例比较困难。有些教师虽然知道数学应用意识的重要性，但考虑到学生的升学率和学习成绩，而数学的应用意识在短时间内却无法培养出来，所以在教学上不愿意把宝贵的时间放在"数学以外"的活动。虽然学生会解答"带有实际意义的数学问题"，但培养学生的数学应用意识并没有真正落到实际教学中。

[①] 吴克诚. 数学情境与提出问题的教育价值 [J]. 上海中学数学，2006（6）：18-19.

9.3.1 注重数学知识生成过程

数学来源于人们对自然界的认知,学生学习数学需要了解知识的背景及发展历程。从生活实际中引入新知识的学习,有利于让学生体会到数学来源于生活,进而提高学习数学的兴趣,增强学习数学的动力。

案例1 "轴对称图形"教学中,教师可以播放一段中国民间手工艺术剪纸的视频,吸引学生的注意力,并让学生说说观看视频的感受。接着,展示图片:中国结、汉字、风筝、剪纸、字母等,让学生观察,并提问:它们都有哪些共同的特征?这样的引入一方面让学生感受到中国传统文化的博大精深;另一方面通过列举生活中的一些轴对称图形案例,培养学生的数学应用意识,把学习的知识真正运用于实际生活中,让学生感受数学的魅力和影响力。

案例2 在学习百以内加减法时,小学生已经掌握了20以内的加减法,为了进一步引导学生学习两位数加两位数,在教学中创设教学情境:"商店里有许多玩具汽车和运动器材,一辆玩具面包车35元、一辆玩具小轿车39元、一辆玩具大客车42元、一条绳子10元、一个呼啦圈23元,小明想要购买一辆玩具车和一种运动器材,有多少种方法,需要多少钱?"学生已经初步认识数学的简单加减法,对这个问题情境还是比较感兴趣的,可以列出计算的式子,但在计算结果时遇到了瓶颈,学生会发现以前学习知识的应用局限性,生活实际的需要产生了两位数的加法。当学生掌握了这种方法之后,再让学生计算其他两种商品的总价,把学习到的新知识应用到实际生活中去,体会到数学的价值,有利于提高学生的数学应用意识。

教师在教学中常列举一些日常生活中的例子,有助于学生对知识及概念的理解和掌握,了解数学知识的来龙去脉,增强学习的兴趣和自信心,形成数学应用意识。

9.3.2 培养数学语言应用能力

数学是一门通用性的语言,有时我们无法直接找到或读到与数学有关的因素,[①] 必须加强学生的阅读理解能力,让他们学会应用数学的语言去描述客观事物和现象,进一步探索它们之间的联系,寻找到与数学有关的因素以便寻求解决方法和策略。

案例3 实现时间最优化问题。小慧同学不但会学习,而且也会安排时间干好家务活,煮饭、炒菜、擦窗等样样都行,是爸妈的好帮手,某一天放学回家后,她完成各项家务活及所需时间如表9-1所示。小慧同学完成以上各项家务活,至少需要多少分钟。(注:各项工作转接时间忽略不计)

---

① 邸树琦. 高中数学应用能力培养策略的研究 [D]. 兰州:西北师范大学,2007.

表 9-1 实现时间最优化问题表

家务项目	擦窗	洗菜	洗电饭煲、洗米	炒菜（用煤气炉）	煮饭（用电饭煲）
完成各项家务所需时间/分钟	5	4	3	20	30

对于这个问题，学生感到很熟悉，如何在最短的时间里完成所有的家务，学生会发现解决这个问题确实很有意义。在解答过程中，学生可以从数学的角度描述客观现象，寻找到与数学有关的因素，有利于用数学解答问题。

为了培养学生的数学应用意识，在解决数学问题时提供更多的原始背景的数学知识，从生活现象中寻找与数学有关的信息，用数学的语言描述客观现象与事物，为下一步的探索寻找规律和解决方法。

9.3.3 搜集运用数学应用实例

数学的产生和发展离不开生活和生产的需要，它与社会生活有着天然的血缘关系。衣食住行是社会生活的基础，其中有许多问题可以用数学来解答，反过来也对数学提出新的问题。节约资源是中华民族的传统美德，如何将一块布料生产出更多的衣服而使废料最少，这就是数学问题的实际应用。每一种衣服的大小不同、款式不同，它们是否"一样"，这也是一个数学问题，这在某种意义上是数学结构分类的问题。建筑房屋也与数学密切相关，怎样利用土地资源是个难题，房子的采光度、楼与楼之间的距离等，都需要运用数学来解答。

学习数学，不仅仅是通读课本的知识，还要收集与数学有关的材料并相互共享，这样有助于学生感受到数学在实际问题中的作用和价值，同时，让学生体会到数学与生活息息相关，学习数学是为了更好地服务生活、提高生活的质量。在此过程中增强学生的数学应用意识。

9.3.4 运用所学解决实际问题

考验学生是否真正掌握理论知识，最好的办法是有亲身实践的机会去检验。在学习上，可以让学生思考哪些知识可以用到实际生活中，运用数学知识更好地解决生活问题。在教学上，教师可以安排一些有价值的课外活动、实习作业，让学生将所学的知识应用到实际生活中，用数学方式实现最优化，培养学生的应用意识。

比如，让学生到附近的水果店调查水果种类、每天的销量、哪些水果销售额高等情况，更重要的是哪些水果是不易存放的，提出进货的建议，帮助水果店实现利益最大化。再如，学生在学习长方体的容积时，教师可以布置学生建一个小型的游泳池，前提是在一定的空间上，提出游泳池的长、宽、高分别是多少时长方体泳池容量最大，并且使用的建筑材料最节省，可以加深学生对知识的应用价值的了解。

案例 4 学生学习了平均数的定义，然而在现实生活中，对平均数意义与作用的认识和理解往往是动态的，随情境而不断变化。教师在教学中可以举一些实际案例进一步深刻理解平均数的内容以及实际意义。

参加歌唱比赛时，在所有评委给出分数之后，通常会出现"去掉一个最高分，去掉一个最低分，再得出选手的最后得分"的现象。如何理解这一现象？这就涉及平均数的实际应用问题。为了更好地解释这种现象，此时教师还可以抛出一条信息，游乐场里来了 9 个平均 8 岁的人，猜一猜这些是什么人，他们会干什么？学生们可能认为是小朋友来游乐场玩。接着，教师出示 9 个人的年龄：45 岁、3 岁、4 岁、3 岁、4 岁、1 岁、4 岁、4 岁、4 岁。学生由此意识到平均数易受异常值的影响，理解去掉最高分和最低分的必要性与合理性，让学生体会平均数具有代表性、公正性的意义。[1]

通过前面的铺垫，教师展示另一组数据（见表 9-2），即小红、小青、小花三个人体育跳远的平时成绩，并提问这三个人中谁的跳远成绩最好。

表 9-2 成绩表

项目	第一次/米	第二次/米	第三次/米	第四次/米	第五次/米	平均成绩/米
小红	1.61	1.65	1.67	1.68	1.72	1.666
小青	1.70	1.52	1.79	1.75	1.78	1.708
小花	1.66	1.68	1.67	1.69	1.68	1.676

此时可以让学生讨论交流在这个问题中，能不能"去掉最高分和最低分"，由此加深学生对平均数的深刻认识。

我们可以感受到传统数学教学强调知识技能目标固然重要，但是积累学习经验更为重要，让学生体会参与应用所学知识去解决实际问题的乐趣和喜悦，对数学应用意识的培养大有好处。

9.4 "应用意识"核心素养培养教学设计案例

【教学内容】"合理安排时间"[2]，选自人教版《数学》四年级上册第 65 页例 1。

【教学目标】

1. 知识与技能

分析简单的事例，使学生认识到解决问题的方案的多样性及寻找解决问题的最优方案。

---

[1] 徐斌艳. 新课标与"数学教学内容"[M]. 南宁：广西教育出版社，2004：125-129.
[2] 陈最芬. "合理安排时间"教学设计[J]. 中小学数学（小学版），2020（Z1）：66-67.

2. 过程与方法

让学生感受到统筹思想在日常生活中的广泛应用，尝试用优化的方法来解决实际生活中的简单问题，初步培养学生的应用意识和解决问题的能力。

3. 情感态度与价值观

使学生逐渐养成合理安排时间的良好习惯。

【教具准备】课件。

【教学过程】

一、创设情境，初步感知

师：你们早上起床要干几件事？小明早上起床要做三件事：第一件5分钟，第二件7分钟，第三件2分钟。一共要几分钟？

预设1：5+7+2=14（分钟）。（真要14分钟？）

预设2：要知道具体做什么事？

二、实践探究，感悟方法

1. 问题一

小明起床后要做的事情有：洗脸刷牙5分钟，蒸包子7分钟，拿包子2分钟。小明几分钟后可以吃包子了？

（1）学生独立思考。

（2）反馈交流。

预设1：5+2+7=14（分钟）。

预设2：只要9分钟，即2+7=9（分钟）。

师：比较两种方法你有什么想法？第二种方法为什么不加5分钟，是不是不用做了？

师：洗脸刷牙和蒸包子两件事可以同时进行，能同时做的事情同时做所用的总时间少，这就是合理安排。

2. 问题二（主题图导入）

师：星期天小明家来了客人，小明帮妈妈烧壶水给张阿姨沏杯茶。

（1）师：平时我们沏茶要做几件事？小明要做几件事？（出示课件）（要求：先根据图片独立思考，再指名汇报）

接水：1分钟；烧水：8分钟；洗水壶：1分钟；洗茶杯：2分钟；

找茶叶：1分钟；沏茶：1分钟。

（2）师：如果按部就班去做，需要几分钟？那么多事，请你给小明提个数学问题。

生：怎样才能尽快让客人喝上茶？

师：什么叫尽快？

（3）泡茶看似简单的事，工序可不少，请同学们先自己想想，再以四人小组为单位讨论讨论，然后拿出小纸片在桌面上摆一摆，拿出合理的方案。

(4) 合作交流,探究方法。

(5) 师生交流,展示和汇报设计成果。

汇报要求:

①将设计方案表现出来,让别人知道每道工序花了多长时间。

②计算出整个过程一共用了多长时间。

(6) 优化方案。

①哪些事要先做?哪些事可以同时做?为什么?

②学生比较,选择自己认为最合理的安排方法。

(7) 介绍流程图。

师:为了方便大家明白做事的顺序,我们可以用什么符号来表示?(箭头)老师给大家介绍一下,像这样用箭头来表示事情先后顺序的图,叫流程图。

洗水壶1分钟──→接水1分钟──→烧水8分钟──→沏茶1分钟。

洗茶杯2分钟→找茶叶1分钟

1 + 1 + 8 + 1 = 11(分钟)

3. 小结

生活中要完成比较多的事情时,在安排事情顺序的过程当中,要先确定先后顺序,能同时做的事情同时做,学会整体考虑,这样所花的总时间少了,时间就可以节省下来了。

三、介绍统筹方法

华罗庚教授是著名的数学家、教育家。他于1965年发表了《统筹方法平话》,也叫"优化法""最优法"。在合理安排时,尽可能节省人力、物力和时间,努力争取获得在允许范围内的最佳效益,提出了中国式的"统筹方法",并用老百姓熟知的"泡茶喝"作为引例通俗易懂地介绍了统筹法。

统筹方法,是一种安排工作进程的数学方法,它能提高工作效率。

四、学以致用,促进内化

(1) 星期天,小明帮妈妈做家务事。

| 洗碗 | 煮粥 | 拿衣服 | 洗衣机洗衣服 | 擦地 |
| 5分钟 | 25分钟 | 5分钟 | 30分钟 | 15分钟 |

①小明做完这些家务活至少要多少分钟?

②他做这些事可以节省多少时间?

③如果把洗碗换成晾衣服,做完这些家务活至少要多少分钟?

(2) 爸爸开车和妈妈一起从家里出发外出办事。爸爸要去办公室取资料,妈妈要去商场购物。图9-1是他们的行走路线和所用时间。他们办完这些事回到家,至少需要多长时间?

①仔细读题,爸爸妈妈两人要做几件事?这题和上面一题有什么不一样?

②独立思考,设计方案,然后一起讨论有几种方案?

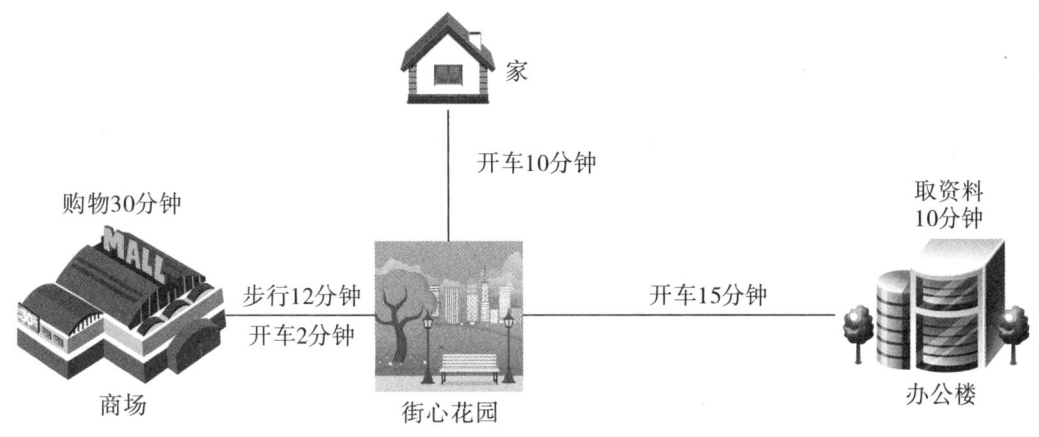

图 9-1

A. 到街心花园分头行动,在街心花园碰头一起回家。

B. 到街心花园后爸爸送妈妈到商场,自己去办公室,然后在街心花园碰头一起回家。

C. 到街心花园分头行动,妈妈到商场,爸爸自己去办公室,然后去商场接妈妈一起回家。

D. 到街心花园后爸爸送妈妈到商场,自己去办公室,然后去商场接妈妈一起回家。

③计算所需的最少时间。

五、全课总结评价

师:通过这节课,你觉得自己学到了什么?或者有什么想说的?

小结:我们在日常生活中处理事情要从优化的角度,在多种方案中寻找最优的方案,合理安排,以最少的时间做有效率的事。

师:今天,我们学了"合理安排时间",希望大家在今后的学习或生活中能学以致用。

【教学反思】

这节课我们学习了数学广角中的"合理安排时间"这一内容,利用生活中的实例来创设情境,让学生深深地感知"合理安排时间"在生活中的广泛应用,体会到数学与人们的生活有着密切的联系,激发学生学好数学的兴趣。课上我采用先让学生独立尝试解答,再组织小组合作讨论的方式来进行教学。让学生自主学习,培养学生学习数学的乐趣,感受到自己才是学习的主人。数学源于生活,服务于生活,在巩固练习时,个别学生只是注重时间的合理安排,忽略了要考虑做事的顺序,但通过同学的帮助和教师的引导得到了改正,在教学过程中,同学们都能根据自己的生活经验和知识基础,积极地解决数学问题。本节课达到了预期的教学效果,完成了教学任务。

小结

　　显然，中小学数学中的基础知识大都来自社会和生活实践。比如数的计算理论，一开始，人们在实践中经常会碰到有自然单元的对象（人、太阳等），是一些不能分割的对象，为了对这类对象进行计数和研究，产生了自然数的概念。而对于水果、野兽等对象（可以进行细分的量）的度量就需要有理数和实数，进一步地，要解决数量之间的关系自然就需要研究数的计算规律。因此，数的计算理论是在生活和社会实践的需求中产生的，像珠算术于 16 世纪在我国盛行，同时也陆续传到日本、东南亚等国家和地区，受到广泛的欢迎，极大地提高了人们计算的速度，促进了数学的应用和发展。再如，三角形具有稳定性，有着稳固、坚定、耐压的特点，这些理论的产生都是人们经过多次实践后高度概括出来的结果。数学一直在我们的身边，它为我们的生活提供了帮助，在生活中有非常高的价值，所以我们应该加强数学应用意识的培养，重视数学的应用。

　　然而培养学生的应用意识不是一朝一夕就能达到的，也不是教师强硬灌输给学生，学生就能学会的，而是应当运用"注重数学知识的来龙去脉""重视培养数学语言的应用能力""搜集数学应用的实例，体会数学应用的价值""为学生创造条件运用所学的知识解决实际问题"等教学策略，来更加有效地培养学生的数学应用意识。

10 核心素养下中小学生创新意识的培养

创新意识的培养是现代数学教育的基本任务,应体现在数学教与学的过程之中。然而学生的创造意识、创造能力不是一朝一夕形成的,必须从义务教育阶段培养起,并贯穿于数学教育的始终。在数学教学中,如何培养学生的创造意识,激发学生的创造动机,发展学生的创造思维,使学生形成创造性个性品质,是摆在每一个数学教师面前的一个重要课题。

10.1 "创新意识"核心素养的内涵

创新意识指的是人们根据社会和个体生活发展需要,创造产生未有的、先进的、有价值的思想和事物的动机,是人类创造性思维的前提。创新意识主要包括创造意志、创造动机、创造情感和创造兴趣。其中,创造意志帮助人类在创造中克服困难,冲破创造障碍。创造动机能激发并且推动人类发起和维持创造性活动。而正确的创造情感能推动人类完成创造性活动。创造兴趣是促使人类积极追求新鲜事物,促进创造活动的心理倾向。开发、培养学生的创新意识,是培养创新型人才的出发点。学生创新意识的养成需要有丰富的知识及经验做铺垫,而恰恰数学的教学,通过解决问题、建立模型等为学生提供了知识和间接经验。

基础教育阶段是学生思维发展和形成的重要阶段,数学在教学上通过猜测、证明、比较、答疑和归纳,让学生养成用数学思维来思考问题的习惯,这非常有利于学生创新意识的培养。对于数学学科而言,培养学生的创新意识,旨在使学生对自然界和社会上存在的数学问题产生好奇心,激发学生解决问题、探索真相的动力。简而言之,创新意识的实质即为打破思维定式,是提高学生素质的力量源泉,对一个国家、民族创新能力起着决定性作用。

10.2 "创新意识"核心素养的研究现状

创新教育起源于美国,早在1936年,美国一家电气公司创办了创造工程培训班,培训的对象为新聘任的青年工程师,培训的主要内容为对发明创造的知识、技巧以及经验的教育,培训取得了圆满成功。[①] 之后,美国创造教育家亚历克斯·奥斯本(Alex

---

① 王格林. 关于中学生数学创新思维的培养 [J]. 咸宁学院学报, 2011 (6): 170-172.

Osborn)将对企业的创造训练法引入教育领域,在大学里开设了"创造性解题过程"课程。20世纪50年代,创新教育开始进入各级各类学校,在学校教育中推广。[①] 60年代,日本、德国等开始进行创新教育,以培养适应社会发展需要的、具备创新意识的人才。由于重视创新教育早,西方发达国家在创新教育方面遥遥领先,当今形成了麻省理工模式、东京大学模式、牛津模式、巴黎中央理工大学模式等几种典型的创新教育模式。

创新教育是否成功关系到未来国家和民族之间竞争的胜负,目前我国高等教育与发达国家的教育水平存在创新素质人才培养上的差异。我国教育家陶行知先生是世界上创造教育的最早探索者之一。20世纪30年代,他在教育实践中萌发了创新教育思想。在创立生活教育理论时,他全面地研究了世界创造发明家们的创造教育理论。1933年,他做了《创造的教育》的著名演讲,进一步提出创造教育的内容、目的、方法和意义,系统反映了其创造教育思想。在他的作品《创造宣言》《创造的儿童教育》《实施民主教育的提纲》中,初步形成适合中国国情的完整的创造教育思想体系。自70年代末期,我国学者开始翻译研究国外研究成果,在结合我国教育实践基础上进行了创新的心理机制、本质以及创新培养等各方面的研究,为创新教育发展提供了理论基础。

随着认识的不断提高,人们意识到创新意识的重要性,在新一轮的课改中,许多专家和学者着手致力于新课改下培养学生创新意识及能力的研究,力求学生从被动学习转变为自主学习,为学生潜能的充分发挥创造了一个宽松自由的环境。国家也在宏观上对创新教育做出了要求。然而在微观上,各学校对创新培养基本依靠自己的理解去实施,大部分成绩决定一切,特别是农村中小学,由于在教学方面缺乏丰富的教学理念和资源,导致农村创新教育相对落后。在新课标的实行下如何改变这种状况?培养学生创新意识,开发学生自身潜能,提高学生综合素质等方面的研究已然成为一个必然的趋势。但我国当下对这方面的研究仍处于探索阶段,还缺乏成形的理论来指导。因而在实践中探索出一条培养学生创新意识和能力的行之有效的路子是很有必要的。

10.3 "创新意识"核心素养的培养策略

显然,教师的教学策略、学校的教育理念和教育活动以及学生的数学学习情感和习惯是影响中小学生创新意识培养的主要方面,具体而言,导致当下中小学生数学创新意识缺乏的原因有以下几个方面。

其一,缺乏创新意识培养平台。大部分学校和家庭给学生定位的学习目标比较狭隘,学生学习的主要目标仍是"双基",对学生数学的能力培养也停留在逻辑思维能

[①] 胡颖. 论创造教育在素质教育中的作用 [J]. 安徽教育学院学报(哲学社会科学版),1998 (2):60-61.

力培养上。学生学习以听课和做题为主要方法,能够参与的创新类的有趣活动寥寥无几。

其二,教师教学方法单一、教学方式单调。现状表明,教师的教学任务繁重,教学效果又大多以学生成绩来衡量。因此,在数学教学中,大多数教师在教学中过度进行以应试为目标的做题强化训练,并且过于追求数学逻辑严谨性和形式化,忽视了合理的非形式化所具有的数学创造性思维,学生变得谨小慎微,创新的想法和有趣的活动思维容易被淹没在形式化的海洋中。而且虽然现在科技发达,很多学校都采用多媒体辅助教学,但是仍然有部分教师专业素养比较差,不会使用或者利用这些科技资源,甚至有些教师现代教育意识差,极少使用网络媒体教学,采用一贯的传统方式,这样的教学使得学生的知识层面稍低,且通常这类教师给学生的自主合作机会也极少,缺乏探索和讨论,容易使学生欠缺创新意识。

其三,学生缺乏愉快的数学学习情感体验和创新的信心。现状表明,大部分学生对数学的学习兴趣比较低,在学习数学中缺乏愉快的学习体验感。在他们的认知中,"数学就是解题""学数学就是通过解题得到一个结果"。而缺乏对数学的学习兴趣,学生更不愿意花时间思考,这就很难让学生在数学上有自己的创新意识和想法。并且在中小学教育中,总会有缺乏自信害怕出错的学生,这些学生在一些问题上就算有自己的独特想法和思路也没有勇气表达出来,从而造成创新意识被埋没,扼杀在摇篮中。

其四,学生忽视自己的瞬间灵感。创新往往都来自一个人的瞬间灵感。但是在日常的学习和生活中,我们往往会忽视这个瞬间灵感,没有及时地记下来,当我们后期想到的时候,却早已经忘记当初自己的想法,这让我们失去很多创新的思路和机会。

10.3.1 培养记录灵感习惯

中小学生创新意识的培养不仅是学校教育的任务,也是学生自身学习需要自觉养成的。快节奏的学习生活,使得学生在学习中很少有时间去思考一些新问题。但是很多时候,我们都会冒出一些新颖的想法,也就是所谓的灵感,然而很少有人会立刻记下自己突如其来的灵感。而创新很多时候就是来自我们发挥的这些灵感,显然,学生从小养成记录自己灵感的习惯,对其创新意识的培养有着正面作用。

10.3.2 搭建创新意识平台

社会的发展和进步离不开创新,同理学校的发展和进步也离不开创新。很多学校在高喊创新教育的同时,却一味追赶着升学率和以提高学生成绩为目标。调查中显示,大部分学生有意愿想要参加课外创新活动,然而学校创建的活动平台极少,且由于学校大部分以学生成绩为评价标准,很多成绩不太好的学生表示没有精力并且不被允许参加课外活动,大部分学生基本没机会参加有益于培养自身创新意识和能力的课外实践活动。而知识源于实践并在实践中运用,学校需要在创新教育理念中加强教学实践活动来培养学生的创新意识。

例如通过开设第二课堂，培养学生创新意识和能力：在美育方面，学生在书法课、绘画课、陶艺课、手工课等课上能发挥自己的想象力，创造出花样繁多的各种艺术品；在智育方面，学校开展多种创客类培训比赛，包括3D打印、全能工程等培训，培养中小学生数学建模能力和科技创新意识；等等。上述平台在充分挖掘中小学生潜能的同时，对他们创新意识的培养也有着深远的影响。

10.3.3 聚焦培养创新意识

1. 教师自身需要具备创新意识

一个有创新意识的教学引导者，才能培养出一群有创新意识的学生。教学本身就是一个挖掘知识并且激发思维的过程。教师具备创新意识，通过挖掘教材，提出与时代发展相关的能引起学生思考和探索的问题，并且引导学生创造性地解决问题，让学生产生新的想法和念头，为其创新意识和能力的培养提供有利条件和引导。

2. 激发学生的数学学习兴趣，树立学生学习数学的信心和勇气

兴趣是最好的老师，人的创造性成果大部分都是在浓厚的兴趣下产生的。如果学生本身对数学没有兴趣，何谈创新。因此，数学教师要灵活运用各种方式教学，努力为学生创设创新情境来激发学生的学习兴趣。如通过设置问题和悬念，采取探索式的学习模式和小组活动模式，让学生在玩中学、做中学，尽可能让学生自己动手和思考，使他们参与到课堂之中，让他们对课堂上的数学问题进行大胆思考并积极解决。在动手与思考中，不仅能激发学生对数学的学习兴趣，也能促进学生创新意识的培养。

例如《数学》北师大版一年级在讲7的分成时，课本是根据小兔子背土豆掉土豆展开的，小兔原来有7个土豆，回家途中不断掉土豆，在掉土豆途中小兔子到底发生了什么事情，教师可以通过设置疑问，让学生充分发挥想象，说出自己的想法，并且掉了几个剩下几个也可以让学生来说，在这个过程中，学生充分参与到这节课的学习中，通过自己的思考快乐地掌握了新的知识，这样的教与学，不仅能激发学生对数学的学习兴趣，也能培养学生的创新意识。

值得注意的是，在学生自主探索学习的过程中，对于一些有想法和问题的学生，教师千万不能置之不理，很多出乎意料的问题和想法，正是学生创新思维闪现的火花。而敢于提出想法和问题的学生，不管问题有无意义，想法是否正确，教师都应该给予表扬，赞赏学生善于思考并且有勇气说出自己的想法。表扬不仅是对学生信心的维护和勇气的鼓励，也是对学生的积极性和主动性的维护以及创新意识的培养。而针对那些有想法却不敢提出来的学生，教师可以鼓励学生勇于说出想法，并且对不敢说最后却说了的学生进行奖励，强化训练学生对数学的信心和勇气，慢慢培养他们勇于思考勇于创新的意识和能力。

3. 建立良好的师生关系和学习氛围

良好的师生关系是学生创新意识产生以及创新活动的良好基础。创新总要承担一定的风险和心理压力，而当教师在教学中扮演的是教学环境的设计者，学生学习上的引导者和支持协助者时，能给学生以心理自由和鼓励，保留学生自己空间的同时帮助学生创造性地解决问题，做学生创新道路上的指示灯。在这种和谐的师生关系氛围中，学生更能够充分发挥自己的智慧和想象力，提升自己的创造能力，培养自己的创新意识。此外，调查中发现，不少学生表示创新思维在团队合作中更容易萌发。因此，教师可以在课堂教学中多设计一些集体讨论、分组操作、互查互补的环节来锻炼学生的合作能力，营造轻松的学习氛围，让学生各抒己见，畅所欲言，最大限度地调动学生的潜能，从而培养学生的创新意识。

4. 培养学生的好奇心，引导学生自主探索

好奇是人与生俱来的天性，好奇心能激发学生学习的积极性，让学生为解决问题而进行探索和创新。例如讲图形的认识时，利用多媒体辅助，把图形拼成学生熟悉的卡通人物或者机器人，插入语音文件让卡通人物说话，学生看到自己喜欢的卡通人物出现在课堂上，能快速将注意力转移到课堂上来，并充分激发他们对数学的好奇心，对图形这个板块的知识产生好奇心，他们才会在生活中用不同角度去研究图形，创新意识在这个过程中也就产生了。而当学生产生好奇心时，教师再引导学生自主探索，放手给学生更多的空间去自主观察和探究合作。例如利用动漫人物引起学生的好奇心后，可以采取小组合作学习的方式，先让小组合作把图形分类然后选择喜欢的图形，并试着给图形起名字，此时教师可以引导学生给图形起正确的名字，学生自己起了名字后会有成就感。此时教师再进一步让每个小组的所有成员认真观察这节课要学的图形实体，教师在旁边引导并且指导学生观察图形特点做记录，通过小组比赛模式，多答对一个特点多得 10 分来激发学生斗志，引导学生自主探索。学生自主解决问题，自身思维变得更加开阔，创新意识自然得以提升。

5. 鼓励学生突破传统束缚，一题多解多变，培养创新思维

每个学生都是独立的个体，不同的学生有自己的想法。而当今数学的解题多数具有标准化和形式化，这不利于学生思维的发展。对此，为了让学生摆脱传统思维定式的影响，为其创新意识和创造性思维发展提供活力，教师在教学中应适当补充一些非标准答案的题目，并且鼓励学生勇于突破常规，尝试运用多元化解题思路，通过多方面解题强化学生所学知识与实际问题的联系，培养学生独特的思维和创新意识。例如在学习"梯形问题"时，一般情况下我们都是用作辅助线的方法，但教师也应该鼓励学生思考一下是否还有别的解题方法，也许会发现平移、旋转等方式也能解题，如此学生的创造性思维就得到了培养。

此外，同样的题目，教师在教学的过程中可变题或者让学生变题并解题。学生通过开放性的探究将会发现，从不同角度去观察问题，能挖掘到更多不一样的题目，发现不同的解题方法。在这个创造问题解决问题的过程中，学生的创新意识也得到培养。例如有这么一道题，桌子上有 15 支铅笔，每支 1 元，有 5 本笔记本，每本 2 元，有 6 个铅笔盒，每个 4 元。通过以上条件让学生根据条件提出不同的数学问题并且讨论解决问题的方式。学生能提出的问题和解题方法有很多种。如桌上的东西一共花了多少

钱？可分别求出每种物品花的钱再连加得出，也可以直接用综合算式列出。如哪种文具花的钱比较多？可分别算出价格再做比较。如铅笔盒花的钱比笔记本多多少？这些问题的解决方法更是多元化。有学生列出如下算式：6×4－5×2＝14（元）。另外有学生列出（4－2）×5＋（6－5）×4＝14（元）。由此学生发现同一个数学问题也可以用不同的方法去解决。学生通过这样一题多变、一题多解的练习相互得到启发，培养了他们数学的灵活性和变通性，也发展了学生思维的新颖性，从而培养了学生的解题创新意识。

6. **革新课堂教学方法，多样式教学**

课堂教学不是简单的教科书复制，而是学生、教师以及教科书之间的相互碰撞、教学相长的过程。不少学生表示上课没意思容易犯困，这确实反映了课堂教学中存在的一些问题。因此在教学过程中，要培养学生创新意识，就需要教师善于调动学生，可包括：一是解放学生的双眼，让学生多观察周边世界，例如在学习图形的认识时，可以让学生根据现有环境一起用眼观察找图形；二是解放学生双手，让学生动手实践和发明创造，例如学图形的变化时，可让学生动手剪出自己所能想到的轴对称图形，或让学生上台演示平移和旋转现象等；三是解放学生的大脑，让学生独立思考，思考的过程中创新意识也会得到培养。

10.4 "创新意识"核心素养培养教学设计案例

【教学内容】"有理数的加法"①，选自人教版《数学》七年级上册第一章第三节第一课时——有理数的加法。

【教学目标】

1. **知识与技能**

学生通过探索有理数加法法则的过程，理解有理数加法的意义；掌握有理数加法法则，并能正确应用法则进行有理数的加法运算；了解有理数加法的意义，会根据有理数的加法法则进行有理数的加法运算。

2. **过程与方法**

在本节课的教学中，借助数轴向学生渗透数形结合的思想，利用绝对值把有理数的加法运算化为小学算术的加减运算，体现化归的思想，以及适度加强法则的形成过程，着重培养学生"观察、猜想、验证、归纳、运用"等综合能力。

3. **情感态度与价值观**

通过提出问题，利用数轴与数形结合的思想和学生一起分析，归纳出法则。学生在探索的过程中主动观察、比较、分类、归纳积极思考，教师在教学中加以引导、及

---

① 杨麦茵，曾泽群. 基于合情推理的问题创设：以"有理数加法"的教学设计为例 [J]. 中学数学教学参考，2016（5X）：1－2.

时点拨，激发学生的探索精神和求知欲望。

【教具准备】多媒体、几何画板。

【课前思考】

合情推理对创新有着至关重要的作用。教师只有创造性地使用教材，才能设计出基于合情推理的有效问题，促进学生创新意识的形成。合情推理是从已有的事实出发，凭借经验和直觉，应用归纳和类比等方法推断某些结果。它对人的创新意识与实践能力的培养起着至关重要的作用。因此，在初中数学学习中，让学生获得利用合情推理进行探究学习的数学活动经验显得非常重要。然而，数学活动经验不仅是实践经验、解题经验，更是思维经验，唯有从问题出发，才能激活学生的思维，使他们在探究中提升思维能力。现以有理数加法的教学为例，从两个层面——有理数加法算式（含结果）的获得和从具体算式（含结果）中提炼加法法则切入，就如何创设问题，渗透合情推理，让学生在探究学习的过程中获得合情推理的数学基本活动经验，设计教学方案。

【教学过程】

一、故事导入，设置悬念

师：同学们，老师听说了一个很有意思的故事。题目是小陈去商场花60元买了一个好看的书包，回家后碰到了小朱，小朱非常喜欢小陈的包，愿意花70元买走此包，小陈同意了。第二天，小邓也非常喜欢此包，于是找到了小陈，希望小陈能够想办法，帮忙从小朱手里转卖给她，自己愿意花90元，于是小陈花了80元从小朱手里买回了包，接着卖给小邓90元。问题是在整个过程中，小陈一共赚了多少钱？

生1：很简单，赚了10元钱。理由是，第一次卖赚了10元钱，第二次买亏本10元钱，再卖又赚了10元钱。所以一共赚了10元钱。

生2：赚了30元钱。理由是，第一次卖赚了10元钱，第二次买又赚了10元钱，第三次卖又赚了10元钱，所以一共赚了30元钱。

生3：赚了20元钱。

师：商人的做法是，这就是两次生意，第一次进价是60元，卖70元，赚了10元钱；第二次进价是80元，卖90元，又赚了10元钱。总共赚了20元钱。商人的做法用纯数学的理论表示就是：$-60+70-80+90=20$（元）。同学们想象这个商人一样聪明吗？

生：想！

师：通过这节课的学习，同学们一定能学会！

【设计意图：本次课情景导入注意从"趣"字入手，增加学生感兴趣的内容，创设有趣的教学情境，可以激发学生的学习动力和好奇心，调动学生学习的能动性和积极性。】

二、突出主题，突出主体

师：独立思考并回答下列问题。某人从原点 O 出发，如果第一次走了5米，第二次接着又走了3米，求两次行走后某人在什么地方？

（两次行走后距原点 O 为 8 米，应该用加法。）

为区别向东还是向西走，这里规定向东走为正，向西走为负。这两数相加有以下几种情况。

1. 同号两数相加

师：某人向东走 5 米，再向东走 3 米，两次一共走了多少米？这是求两次行走的路程的和。

生：$5+3=8$。

师：很好，用数轴表示。

师：从数轴上表明，两次行走后在原点 O 的东边，离开原点的距离是 8 米，因此两次一共向东走了 8 米。我们从这个图上得出什么结论呢？

师：结论：正数加正数，其和仍是正数，和的绝对值等于这两个加数的绝对值的和。

师：某人向西走 5 米，再向西走 3 米，两次一共向东走了多少米？

生：两次一共向西走了 8 米。

师：$(-5)+(-3)=-8$。

用数轴表示如图。

师：从数轴上表明，两次行走后在原点 O 的西边，离开原点的距离是 8 米。因此两次一共向东走了 -8 米。我们从这个图上又能得出什么结论呢？

由学生讨论。

师生共同得出结论：负数加负数，其和仍是负数，和的绝对值也是等于两个加数的绝对值的和。

师：同号两数相加的规律是什么呢？学生再讨论。

师生共同得出结论：同号两数相加，取相同的符号，并把绝对值相加。

2. 异号两数相加

(1) 某人向东走 5 米，再向西走 5 米，两次一共向东走了多少米？

师：由数轴上表明，两次行走后，又回到了原点 O，两次一共向东走了多少米？

生：$5+(-5)=0$。

师：互为相反数的两个数相加，和为零。

(2) 某人向东走 5 米，再向西走 3 米，两次一共向东走了多少米？

师：两次行走后在原点 O 的东边，离开原点的距离是 2 米。因此，两次一共向东走了 2 米。

生：$5+(-3)=2$。

(3) 某人向东走 3 米，再向西走 5 米，两次一共向东走了多少米？

师：同学们试着用老师刚才的做法，画一个数轴，在数轴上表明两次行走的结果。

由学生讨论自己完成。

师：请同学们想一想，异号两数相加的法则是怎么规定的？强调和的符号是如何确定的？和的绝对值如何确定？

师生最后归纳：绝对值不相等的异号两数相加，取绝对值较大的加数的符号，并用较大数的绝对值减去较小数的绝对值，互为相反数的两个数相加得0。零与任何数相加等于任何数。

师：如果我们把两个加数的和分为符号和绝对值两部分，可把和的符号规律编成歌谣：两"正"相加和为正，两"负"相加和为负，异号相加跟着大（绝对值）的跑。和的绝对值歌谣：同（两个加数同号）相加，异（两加数异号）相减（大减小）。

【设计意图：让学生自主学习，带着兴趣学习，和同学合作学习，结果学生情绪高涨，问题迎刃而解，重点内容也都清晰化。把课堂知识点编成通俗易懂的歌谣，以学生喜闻乐见的形式帮学生总结。】

三、体现新时代教师是学生学习的合作者

在大多数学生完成课本阅读和解答好课本问题、上述问题的基础上，请学生们自主讨论、复习本节课内容，以加深印象。

师：（强调）（1）有理数加法法则；（2）养成算必讲理的良好习惯。

【设计意图：这一小小的总结，有画龙点睛之作用。指导学生熟练运用有理数加法法则，为以后更复杂的有理数计算打下基础。】

四、我的课堂，我做主，我来说

生1：我掌握有理数同号相加的计算法则。

生2：我掌握有理数异号相加的计算法则。

生3：我掌握互为相反数相加的计算法则。

生4：我掌握零与任何数相加的计算法则。

生5：我学会了老师编的歌谣。

师：谢谢你们精彩的发言，你们的发言就是本节课的精髓！

【设计意图：课堂小结一改教师全盘包办，学生麻木的被"听"。学生的课堂，让学生自己说，让学生带着兴趣去学！最大限度地激发出学生的主观能动性，为以后学习更复杂的数学计算打下深厚的基础。】

五、基础巩固与知识延伸

1. 口答竞赛

(1) $4+9$；(2) $4+(-9)$；(3) $-4+9$；(4) $(-4)+(-9)$；(5) $4+(-4)$；(6) $9+(-2)$；(7) $(-9)+2$。

2. 计算

(1) $5+(-22)$；(2) $(-1.3)+(-8)$；(3) $(-0.9)+1.5$；(4) $2.7+(-3.5)$。

3. 配套的练习册

【设计意图：作业设计也一改从前的千篇一律，本节课后作业分出了层次，也体现了趣味性和挑战性，激发了学生的求知欲！】

【教学反思】

1. 从数学源于生活的视角创设问题，在探究有理数加法算式（含结果）的过程中渗透合情（类比）推理

引入了负数，数系从算术数扩充到有理数，从数系的研究规律及学生在小学对数的学习历程与获得的数学活动经验，学生知道后续的研究内容应是有理数的加法运算。两个有理数相加，结果是多少，对于初学者来讲，解决的办法只能赋予算式实际意义，使之回归生活，再利用生活经验解决问题。鉴于学生在小学习得的经验——算术数的加减运算是从现实生活中的具体事例抽象而得，即任意一个算术数的加减算式都能在现实生活中找到原型。教师在有理数加法［如（-3）+（-2）］怎样算的教学中，选择了类比探究教学方式，即类比小学学习"$3+2=5$"积累的数学活动经验，来探究（-3）+（-2）的运算结果。考虑刚步入初中的学生的类比推理数学活动经验还处在逐步积累的初级阶段，若没有思维方面的引领，是难以独立完成此学习任务的，对此，教师从学生的最近发展区出发，创设基于类比思想的问题串，引领学生类比已有的学习方式来解决"两个有理数相加，结果是多少"的问题。

2. 从数学对象结构特征的视角创设问题，在探究有理数加法法则的过程中渗透合情（归纳）推理

数学从现实世界中抽象而得，在自身建立的体系中得到发展后，又应用于现实世界。在第一层面我们已获得含结果的有理数加法算式，为了简化运算的程序，必须探究有理数加法的运算规律。"找规律"对学生来讲并不陌生，小学里设置隐含规律的数或形，让学生通过观察，发现其规律，然后进行抽象概括的习题屡见不鲜。因此，归纳推理对于刚步入初中的学生来讲并不陌生，但有理数的加法法则的获得比起小学的"找规律"更具挑战性，若没有思维方面的引领，学生自主发现其加法法则的本质所在有一定的困难。鉴于此，教师本着让学生"跳一跳就能摘到果子"的原则，创设了基于归纳推理的问题，引导学生通过观察、意会、迁移、化归，进而从具体上升到一般，抽象概括出有理数加法法则，让学生对归纳推理有别样的体验。

小结

新课程改革树立起"以学生发展为本"的旗帜，要求以学生为中心培养学生的创新意识。数学课程标准也明确了当前中小学数学教育改革的核心为培养学生的创新意识和实践能力。数学是一门逻辑性强、思维活跃的课程，为我们提供了普遍且强有力的思考方式，包括直观判断、逻辑推理、数据统计、模型建立等。用这些方式思考问题更具备科学性，并且使人们具有缜密的思维和创新的本领，能帮助我们更好地了解世界。因此，在数学教学上培养学生的创新意识能更好地让学生接受和理解，起到事半功倍的效果，更是提高数学教学质量的一个重要保证。故而培养学生创新意识不仅是时代的需求，也是数学学科的要求，对学生的发展有着重要意义。